NEJLEPŠÍ INDICKÉ RECEPTY 2022

CHUTNÉ RECEPTY TRADICE

KIRTI RANA

Obsah

Plněné lilky

Ingredience

10 malých lilků

1 velká cibule, nakrájená nadrobno

3 lžíce strouhaného čerstvého kokosu

1 lžička mletého kmínu

1 lžička chilli prášku

50 g listů koriandru, nasekaných

Šťáva z 1 citronu

Sůl podle chuti

3 lžíce rafinovaného rostlinného oleje

Metoda

- Na jednom konci každého lilku udělejte nožem kříž a prořízněte jej, druhý konec neoddělujte. Dát stranou.

- Zbývající ingredience kromě oleje smícháme. Tuto směs vložíme do nakrájených lilků.

- Na pánvi rozehřejte olej. Přidejte lilky a opékejte je na středním plameni 3–4 minuty. Zakryjte a vařte 10 minut, občas opatrně lilky otočte. Podávejte horké.

Sarson jako Saag

(Zelená hořčice v omáčce)

Slouží 4

Ingredience

3 lžíce rafinovaného rostlinného oleje

100 g hořčičných listů, nasekaných

200 g špenátu, jemně nasekaný

3 zelené chilli papričky, podélně rozkrojené

1 cm/½ v kořenovém zázvoru, julienned

2 stroužky česneku, rozdrcené

Sůl podle chuti

250 ml/8 fl oz vody

2 lžíce ghí

Kapka másla

Metoda

- V hrnci rozehřejte olej. Přidejte hořčičné listy, špenát a zelené chilli. Smažte je na středním plameni minutu.

- Přidejte zázvor, česnek, sůl a vodu. Dobře promíchejte. Vařte 10 minut.

- Směs rozmixujte v mixéru do hladka.

- Přendejte do hrnce a vařte na středním plameni 15 minut.

- Ozdobte máslem. Podávejte horké.

Shahi Paneer

(Paneer v bohaté omáčce)

Slouží 4

Ingredience

4 lžíce rafinovaného rostlinného oleje

500g/1lb 2oz paneer*, sekaný

2 velké cibule, mleté na pastu

1 lžička zázvorové pasty

1 lžička česnekové pasty

1 lžička chilli prášku

300g/10oz rajčatový protlak

200g/7oz jogurt, šlehaný

250ml/8fl oz jeden krém

Sůl podle chuti

Metoda

- V hrnci rozehřejte 1 lžíci oleje. Přidejte kousky paneeru. Smažte je na středním plameni, dokud nezískají zlatohnědou barvu. Sceďte a dejte stranou.

- Do stejné pánve přidejte zbývající olej. Přidejte cibuli, zázvorovou pastu a česnekovou pastu. Smažte minutu. Přidejte paneer a zbývající ingredience. Vařte 5 minut za občasného míchání. Podávejte horké.

Brambory tandoori

Ingredience

16 velkých brambor, oloupaných

Rafinovaný rostlinný olej na fritování

3 lžíce nadrobno nakrájených rajčat

1 lžíce koriandrových listů, nasekaných

1 lžička garam masala

100 g sýra Cheddar, strouhaného

Sůl podle chuti

Šťáva ze 2 citronů

Metoda

- Vydlabejte brambory. Dužinu a vydlabané části si rezervujte.

- Na pánvi rozehřejte olej. Přidáme vydlabané brambory. Smažte je na středním plameni, dokud nezískají zlatohnědou barvu. Dát stranou.

- Ke stejnému oleji přidáme nabrané brambory a všechny zbývající ingredience kromě citronové šťávy. Smažte na mírném ohni 5 minut.

- Tuto směs naplníme do dutých brambor.

- Pečte plněné brambory v troubě při 200 °C (400 °F, plyn Mark 6) po dobu 5 minut.

- Navrch brambory pokapeme citronovou šťávou. Podávejte horké.

Kukuřičné kari

Ingredience

1 velký brambor, uvařený a rozmačkaný

500g/1lb 2oz rajčatový protlak

3 lžíce rafinovaného rostlinného oleje

8 kari listů

2 lžíce besanu*

1 lžička zázvorové pasty

½ lžičky kurkumy

Sůl podle chuti

1 lžička garam masala

1 lžička chilli prášku

3 lžičky cukru

250 ml/8 fl oz vody

4 kukuřičné klasy, nakrájené na 3 kusy a uvařené

Metoda

- Bramborovou kaši důkladně promícháme s rajčatovým protlakem. Dát stranou.

- V hrnci rozehřejte olej. Přidejte kari listy. Nechte je 10 sekund praskat. Přidejte besan a zázvorovou pastu. Smažte na mírném ohni do hněda.

- Přidejte bramborovo-rajčatovou směs a všechny zbývající ingredience kromě kukuřice. Vařte 3-4 minuty.

- Přidejte kousky kukuřice. Dobře promíchejte. Vařte 8-10 minut. Podávejte horké.

Masala zelený pepř

Ingredience

1½ lžíce rafinovaného rostlinného oleje

1 lžička garam masala

¼ lžičky kurkumy

½ lžičky zázvorové pasty

½ lžičky česnekové pasty

1 velká cibule, nakrájená nadrobno

1 rajče, nakrájené nadrobno

4 velké zelené papriky, julienned

125 g/4 ½ unce jogurtu

Sůl podle chuti

Metoda

- V hrnci rozehřejte olej. Přidejte garam masalu, kurkumu, zázvorovou pastu a česnekovou pastu. Tuto směs smažte na středním plameni 2 minuty.

- Přidejte cibuli. Smažte, dokud nebude průsvitná.

- Přidejte rajče a zelenou papriku. Smažte 2-3 minuty. Přidejte jogurt a sůl. Dobře promíchejte. Vařte 6-7 minut. Podávejte horké.

Láhev bez oleje tykev

Slouží 4

Ingredience

500g/1lb 2oz láhev tykve*, zbavené kůže a nakrájené

2 rajčata, nakrájená nadrobno

1 velká cibule, nakrájená nadrobno

1 lžička zázvorové pasty

1 lžička česnekové pasty

2 zelené chilli papričky nakrájené nadrobno

½ lžičky mletého koriandru

½ lžičky mletého kmínu

25g/malá 1oz listů koriandru, jemně nasekaných

120 ml/4 fl oz vody

Sůl podle chuti

Metoda

- Všechny ingredience smíchejte dohromady. Vařte v hrnci na mírném ohni 20 minut. Podávejte horké.

Okra s jogurtem

Slouží 4

Ingredience

3 lžíce rafinovaného rostlinného oleje

½ lžičky semínek kmínu

500g/1lb 2oz okra, nasekané

½ lžičky chilli prášek

¼ lžičky kurkumy

2 zelené chilli papričky, podélně rozkrojené

1 lžička zázvoru, julien

200g/7oz jogurt

1 lžička besanu*, rozpuštěné v 1 lžíci vody

Sůl podle chuti

1 polévková lžíce lístků koriandru, jemně nasekaných

Metoda

- V hrnci rozehřejte olej. Přidejte semínka kmínu. Nechte je prskat 15 sekund.

- Přidejte okra, chilli prášek, kurkumu, zelené chilli a zázvor.

- Vařte na mírném ohni 20 minut za občasného míchání.

- Přidejte jogurt, besanovou směs a sůl. Vařte 5 minut.

- Okra ozdobte lístky koriandru. Podávejte horké.

Restovaná Karela

(Sušená hořká tykev)

Slouží 4

Ingredience

4 středně velké hořké tykve*

Sůl podle chuti

1½ lžíce rafinovaného rostlinného oleje

½ lžičky hořčičného semínka

½ lžičky kurkumy

½ lžičky zázvorové pasty

½ lžičky česnekové pasty

2 velké cibule, nakrájené nadrobno

½ lžičky chilli prášek

¾ lžičky jaggery*, strouhaný

Metoda

- Hořké tykve oloupeme a podélně rozkrojíme na poloviny. Vyhoďte semínka a každou polovinu nakrájejte na tenké plátky. Přidejte sůl a nechte 20 minut stát. Vymačkejte vodu. Znovu odložte stranou.

- V hrnci rozehřejte olej. Přidejte hořčičná semínka. Nechte je prskat 15 sekund.

- Přidejte zbývající ingredience a smažte je na středním plameni 2-3 minuty. Přidejte hořkou tykev. Dobře promíchejte. Vařte 5 minut na mírném ohni. Podávejte horké.

Zelí s hráškem

Ingredience

1 polévková lžíce rafinovaného rostlinného oleje

1 lžička hořčičného semínka

2 zelené chilli papričky, podélně rozkrojené

¼ lžičky kurkumy

400g/14oz zelí, jemně nakrájené

125g/4½oz čerstvého hrášku

Sůl podle chuti

2 lžíce sušeného kokosu

Metoda

- V hrnci rozehřejte olej. Přidejte hořčičná semínka a zelené chilli. Nechte je prskat 15 sekund.
- Přidejte zbývající ingredience, kromě kokosu. Vařte na mírném ohni 10 minut.
- Přidejte kokos. Dobře promíchejte. Podávejte horké.

Brambory v rajčatové omáčce

Slouží 4

Ingredience

2 lžíce rafinovaného rostlinného oleje

1 lžička semínek kmínu

Špetka asafoetidy

½ lžičky kurkumy

4 velké brambory, vařené a nakrájené na kostičky

4 rajčata, nakrájená nadrobno

1 lžička chilli prášku

Sůl podle chuti

1 lžíce koriandrových listů, nasekaných

Metoda

- V hrnci rozehřejte olej. Přidejte semínka kmínu, asafoetidu a kurkumu. Nechte je prskat 15 sekund.
- Přidejte zbývající ingredience, kromě lístků koriandru. Dobře promíchejte. Vařte na mírném ohni 10 minut. Ozdobte lístky koriandru. Podávejte horké.

Matar Palak

(hrášek a špenát)

Slouží 4

Ingredience

400g/14oz špenát, dušený a nakrájený

2 zelené chilli papričky

4-5 lžic rafinovaného rostlinného oleje

1 lžička semínek kmínu

1 špetka asafoetidy

1 lžička kurkuma

1 velká cibule, nakrájená nadrobno

1 rajče, nakrájené nadrobno

1 velký brambor, nakrájený na kostičky

Sůl podle chuti

200 g/7 oz zeleného hrášku

Metoda

- Špenát a chilli papričky rozemelte na jemnou pastu. Dát stranou.

- V hrnci rozehřejte olej. Přidejte semínka kmínu, asafoetidu a kurkumu. Nechte je prskat 15 sekund.

- Přidejte cibuli. Smažte na středním plameni, dokud nebude průsvitný.

- Přidejte zbývající ingredience. Dobře promíchejte. Vařte na mírném ohni 7-8 minut za občasného míchání.

- Přidejte špenátovou pastu. Vařte 5 minut. Podávejte horké.

Masala zelí

(Pikantní zelí)

Slouží 4

Ingredience

3 lžíce rafinovaného rostlinného oleje

1 lžička semínek kmínu

¼ lžičky kurkumy

1 lžička česnekové pasty

1 lžička zázvorové pasty

1 velká cibule, nakrájená nadrobno

1 rajče, nakrájené nadrobno

½ lžičky chilli prášek

Sůl podle chuti

400g/14oz zelí, jemně nakrájené

Metoda

- V hrnci rozehřejte olej. Přidejte semínka kmínu a kurkumu. Nechte je prskat 15 sekund. Přidejte česnekovou pastu, zázvorovou pastu a cibuli. Smažte na středním plameni 2-3 minuty.

- Přidejte rajče, chilli, sůl a zelí. Dobře promíchejte. Přikryjeme pokličkou a vaříme na mírném ohni 10-15 minut. Podávejte horké.

Lilek kari

Ingredience

4 zelené chilli papričky

2,5 cm/1 palec kořen zázvoru

50 g listů koriandru, nasekaných

3 lžíce rafinovaného rostlinného oleje

1 lžička mung dhal*

1 lžička urad dhal*

1 lžička semínek kmínu

½ lžičky hořčičného semínka

500 g/1 lb 2oz malých lilků, nakrájených na 5 cm/2 palce

½ lžičky kurkumy

1 lžička tamarindové pasty

Sůl podle chuti

250 ml/8 fl oz vody

Metoda

- Semelte zelené chilli papričky, zázvor a lístky koriandru. Dát stranou.

- V hrnci rozehřejte olej. Přidejte mung dhal, urad dhal, kmín a hořčičná semínka. Nechte je prskat 20 sekund.

- Přidejte zbývající ingredience a chilli-zázvorovou pastu. Dobře promíchejte. Přikryjeme pokličkou a za občasného míchání dusíme 10 minut. Podávejte horké.

Simla Mirch ka Bharta

(Pikantní papriky)

Slouží 4

Ingredience

3 středně velké zelené papriky

3 středně velké červené papriky

3 lžíce rafinovaného rostlinného oleje

2 velké cibule, nakrájené nadrobno

6 stroužků česneku, nasekaných nadrobno

2,5 cm kořenového zázvoru, jemně nasekaný

½ lžičky chilli prášek

¼ lžičky kurkumy

2 rajčata, nakrájená

1 lžička soli

1 lžíce koriandrových listů, nasekaných

Metoda

- Zelenou a červenou papriku grilujte 5-6 minut. Často je otáčejte, abyste zajistili, že jsou rovnoměrně grilované.

- Připálenou slupku oloupeme, zbavíme stopek a semínek a papriky nakrájíme na malé kousky. Dát stranou.

- V hrnci rozehřejte olej. Přidejte cibuli, česnek a zázvor. Smažte je na středním plameni, dokud cibule nezhnědne.

- Přidejte chilli prášek, kurkumu, rajčata a sůl. Směs restujte 4-5 minut.

- Přidejte papriky. Dobře promíchejte. Přikryjeme pokličkou a na mírném ohni vaříme 30 minut.

- Zeleninu ozdobte lístky koriandru. Podávejte horké.

Rychlá láhev tykev kari

Slouží 4

Ingredience

1 středně velká láhev tykve*, oloupané a nakrájené

1 velká cibule, nakrájená nadrobno

60 g rajčat, jemně nakrájených

4-5 stroužků česneku, nasekaných

1 lžíce kečupu

1 polévková lžíce suchých listů pískavice

½ lžičky kurkumy

¼ lžičky čerstvě mletého černého pepře

2 lžíce mléka

Sůl podle chuti

1 lžíce koriandrových listů, nasekaných

Metoda

- Všechny ingredience kromě lístků koriandru vařte v hrnci na středním plameni 20 minut za občasného míchání. Přikryjte pokličkou.
- Směs důkladně promíchejte. Ozdobte lístky koriandru. Podávejte horké.

Kaala Chana Curry

(Kari z černé cizrny)

Slouží 4

Ingredience

250g/9oz kaala chana*, namočené přes noc

Špetka sody bikarbony

Sůl podle chuti

1 litr/1¾ pinty vody

1 malá cibule

2,5 cm/1 palec kořen zázvoru

1 lžíce ghí

1 rajče, nakrájené na kostičky

½ lžičky kurkumy

½ lžičky chilli prášek

8-10 kari listů

1 lžíce tamarindové pasty

Metoda

- Smíchejte chanu se sodou bikarbona, solí a polovinou vody. Vařte v hrnci na středním plameni 45 minut. Rozmačkejte a dejte stranou.

- Cibuli a zázvor rozemelte na pastu.

- V hrnci rozehřejte ghí. Přidejte cibulovo-zázvorovou pastu a opékejte, dokud nezhnědne.

- Přidejte chanovou směs a zbývající ingredience. Dobře promíchejte. Vařte 8-10 minut za občasného míchání. Podávejte horké.

Kalina

(Míchaná zelenina v mléce)

Slouží 4

Ingredience

750 ml/1¼ pinty mléka

2 nezralé banány, oloupané a nakrájené

250g/9oz láhev tykve*, sekaný

100 g nastrouhaného zelí

2 rajčata, nakrájená

1 velká zelená paprika, nakrájená

1 lžička tamarindové pasty

1 lžička mletého koriandru

1 lžička mletého kmínu

2 lžičky chilli v prášku

2 lžičky jaggery*, strouhaný

100 g listů koriandru, jemně nasekaných

2 lžíce khoya*

Sůl podle chuti

1 polévková lžíce lístků koriandru, jemně nasekaných

Metoda

- Zahřejte mléko v hrnci na střední teplotu, dokud se nezačne vařit. Přidejte banán a láhev tykve. Dobře promíchejte. Vařte 5 minut.

- Přidejte zbývající ingredience, kromě lístků koriandru. Dobře promíchejte. Vařte 8-10 minut za častého míchání.

- Kalinu ozdobte lístky koriandru. Podávejte horké.

Květák Tandoori

Slouží 4

Ingredience

1 ½ lžičky chilli prášek

1½ lžičky garam masala

Šťáva ze 2 citronů

100 g/3 ½ unce jogurtu

Černá sůl podle chuti

1 kg růžičky květáku

Metoda

- Všechny ingredience kromě květáku smícháme dohromady. Touto směsí pak květák marinujte 4 hodiny.
- Pečte v předehřáté troubě na 200 °C (400 °F, plyn Mark 6) po dobu 5-7 minut. Podávejte horké.

Pikantní Kaala Chana

Ingredience

500g/1lb 2oz kaala chana*, namočené přes noc

500 ml/16 fl oz vody

Sůl podle chuti

3 lžíce rafinovaného rostlinného oleje

Špetka asafoetidy

½ lžičky hořčičného semínka

1 lžička semínek kmínu

2 hřebíčky

1 cm/½ ve skořici

¼ lžičky kurkumy

1 lžička mletého koriandru

1 lžička mletého kmínu

½ lžičky garam masala

1 lžička tamarindové pasty

1 lžíce koriandrových listů, nasekaných

Metoda

- Čanu vařte s vodou a solí v hrnci na středním plameni 20 minut. Dát stranou.

- V hrnci rozehřejte olej. Přidejte asafoetida a hořčičná semínka. Nechte je prskat 15 sekund. Přidejte uvařenou chanu a zbývající ingredience, kromě lístků koriandru. Vařte 10-15 minut.

- Pikantní kaala chanu ozdobte lístky koriandru. Podávejte horké.

Tur Dhal Kofta

(dělené červené gramové knedlíky)

Slouží 4

Ingredience

600g/1lb 5oz masoor dhal*, namočené přes noc

3 zelené chilli papričky nakrájené nadrobno

3 lžíce koriandrových listů, nasekaných

60g/2oz kokos, strouhaný

3 lžíce semínek kmínu

Špetka asafoetidy

Sůl podle chuti

Rafinovaný rostlinný olej pro hluboké smažení

Metoda

- Dhal omyjte a nahrubo namelte. Se zbylými ingrediencemi kromě oleje důkladně prohněteme hladké těsto. Rozdělte na kuličky velikosti vlašského ořechu.

- V hrnci rozehřejte olej. Přidejte kuličky a smažte je na mírném ohni, dokud nezezlátnou. Kofty sceďte a podávejte horké.

Shahi květák

(bohatý květák)

Ingredience

8 stroužků česneku

2,5 cm/1 palec kořen zázvoru

½ lžičky kurkumy

2 velké cibule, nastrouhané

4 lžičky máku

2 lžíce ghí

200g/7oz jogurt, šlehaný

5 rajčat, nakrájených nadrobno

200g/7oz konzervovaný hrášek

1 lžička cukru

2 lžíce čerstvé smetany

Sůl podle chuti

250 ml/8 fl oz vody

500g/1lb 2oz květákové růžičky, smažené

8 malých brambor, smažených

Metoda

- Česnek, zázvor, kurkumu, cibuli a mák rozemelte na jemnou pastu. Dát stranou.

- V hrnci rozehřejte 1 polévkovou lžíci ghí. Přidejte makovou pastu. Za stálého míchání opékejte 5 minut. Přidejte zbývající ingredience kromě květáku a brambor. Vařte na mírném ohni 4 minuty.

- Přidejte květák a brambory. Vařte 15 minut a podávejte horké.

Okra Gojju

(Okra kompot)

Slouží 4

Ingredience

500g/1lb 2oz okra, nakrájené na plátky

Sůl podle chuti

2 lžíce rafinovaného rostlinného oleje plus extra pro hluboké smažení

1 lžička hořčičného semínka

Špetka asafoetidy

200g/7oz jogurt

250 ml/8 fl oz vody

Metoda

- Posypte okra solí. V hrnci rozehřejte olej a okry na středním plameni opečte do zlatova. Dát stranou.
- Zahřejte 2 lžíce oleje. Přidejte hořčici a asafoetidu. Nechte je prskat 15 sekund. Přidejte okra, jogurt a vodu. Dobře promíchejte. Podávejte horké.

Yam v zelené omáčce

Slouží 4

Ingredience

300 g/10 oz příze*, tenké plátky

1 lžička chilli prášku

1 lžička amchoor*

½ lžičky mletého černého pepře

Sůl podle chuti

Rafinovaný rostlinný olej pro hluboké smažení

Na omáčku:

400g/14oz špenát, nasekaný

100g/3½oz láhev tykve*, strouhaný

Špetka sody bikarbony

3 zelené chilli papričky

2 lžičky celozrnné mouky

Sůl podle chuti

3 lžíce rafinovaného rostlinného oleje

1 cm/½ v kořenovém zázvoru, julienned

1 malá cibule, nakrájená nadrobno

Špetka mleté skořice

Špetka mletého hřebíčku

Metoda

- Plátky yam promíchejte s chilli práškem, amchoorem, pepřem a solí.

- V hrnci rozehřejte olej. Přidejte plátky yam. Smažte je na středním plameni, dokud nezískají zlatohnědou barvu. Sceďte a dejte stranou.

- Na omáčku smíchejte špenát, lahvovou tykev a sodu bikarbonu. Pára (viz techniky vaření) směs v páře na středním plameni po dobu 10 minut.

- Tuto směs umelte spolu se zelenými chilli papričkami, moukou a solí na polohladkou pastu. Dát stranou.

- V hrnci rozehřejte olej. Přidejte zázvor a cibuli. Smažte na středním plameni, dokud cibule nezhnědne. Přidejte mletou skořici, mletý hřebíček a špenátovou směs. Dobře promíchejte. Vařte na středním plameni 8-10 minut za občasného míchání.

- Přidejte jam do této zelené omáčky. Dobře promíchejte. Přikryjeme pokličkou a dusíme 4-5 minut. Podávejte horké.

Simla Mirch ki Sabzi

(Suchý zelený pepř)

Slouží 4

Ingredience

2 lžíce rafinovaného rostlinného oleje

2 velké cibule, nakrájené nadrobno

¾ lžičky zázvorové pasty

¾ lžičky česnekové pasty

1 lžička mletého koriandru

¼ lžičky kurkumy

½ lžičky garam masala

½ lžičky chilli prášek

2 rajčata, nakrájená nadrobno

Sůl podle chuti

4 velké zelené papriky, nakrájené

1 polévková lžíce lístků koriandru, jemně nasekaných

Metoda

- V hrnci rozehřejte olej. Přidejte cibuli, zázvorovou pastu a česnekovou pastu. Smažte na středním plameni, dokud cibule nezhnědne.

- Přidejte všechny zbývající ingredience, kromě lístků koriandru. Dobře promíchejte. Směs smažte na mírném ohni 10-15 minut.

- Ozdobte lístky koriandru. Podávejte horké.

Karfiolové kari

Ingredience

3 lžíce rafinovaného rostlinného oleje

1 lžička semínek kmínu

¼ lžičky kurkumy

1 lžička zázvorové pasty

1 lžička mletého koriandru

1 lžička chilli prášku

200g/7oz rajčatový protlak

1 lžička moučkového cukru

Sůl podle chuti

400g/14oz květákové růžičky

120 ml/4 fl oz vody

Metoda

- V hrnci rozehřejte olej. Přidejte semínka kmínu. Nechte je prskat 15 sekund.
- Přidejte zbývající přísady, kromě vody. Dobře promíchejte. Přidejte vodu. Přikryjeme pokličkou a dusíme 12-15 minut. Podávejte horké

Haaq

(Špenátové kari)

Ingredience

1 cm/½ v kořenovém zázvoru, julienned

1 lžička fenyklových semínek, drcených

2 lžíce rafinovaného rostlinného oleje

2 sušené červené chilli papričky

¼ lžičky asafoetida

1 zelená chilli paprička, podélně rozkrojená

Sůl podle chuti

400 g/14 oz špenát, jemně nasekaný

500 ml/16 fl oz vody

Metoda

- Suchá pečeně (viz technicky vaření) semena zázvoru a fenyklu. Dát stranou.

- V hrnci rozehřejte olej. Přidejte červené chilli papričky, asafoetidu, zelené chilli a sůl. Tuto směs smažte na středním plameni po dobu 1 minuty.

- Přidejte směs zázvorovo-fenyklových semen. Smažte minutu. Přidejte špenát a vodu. Přikryjeme pokličkou a dusíme 8-10 minut. Podávejte horké.

Suchý květák

Slouží 4

Ingredience

3 lžíce rafinovaného rostlinného oleje

1 lžička semínek kmínu

¼ lžičky kurkumy

2 zelené chilli papričky nakrájené nadrobno

1 lžička zázvorové pasty

½ lžičky moučkového cukru

400g/14oz květákové růžičky

Sůl podle chuti

60 ml/2 fl oz vody

10g/¼oz listů koriandru, nasekaných

Metoda

- V hrnci rozehřejte olej. Přidejte semínka kmínu. Nechte je prskat 15 sekund.
- Přidejte kurkumu, zelené chilli papričky, zázvorovou pastu a moučkový cukr. Smažte na středním plameni minutu. Přidejte květák, sůl a vodu. Dobře promíchejte. Přikryjeme pokličkou a dusíme 12-15 minut.
- Ozdobte lístky koriandru. Podávejte horké.

Zeleninová Korma

(Mixovaná zelenina)

Slouží 4

Ingredience

3 lžíce rafinovaného rostlinného oleje

1 cm/½ ve skořici

2 hřebíčky

2 zelené lusky kardamomu

2 velké cibule, nakrájené nadrobno

¼ lžičky kurkumy

½ lžičky zázvorové pasty

½ lžičky česnekové pasty

Sůl podle chuti

300g/10oz míchaná mražená zelenina

250 ml/8 fl oz vody

1 lžička máku

Metoda

- V hrnci rozehřejte olej. Přidejte skořici, hřebíček a kardamom. Nechte je prskat 30 sekund.

- Přidejte cibuli, kurkumu, zázvorovou pastu, česnekovou pastu a sůl. Směs smažte na středním plameni 2-3 minuty za stálého míchání.

- Přidejte zeleninu a vodu. Dobře promíchejte. Přikryjeme pokličkou a za občasného míchání dusíme 5-6 minut.

- Přidejte mák. Dobře promíchejte. Vařte ještě 2 minuty. Podávejte horké.

Smažený lilek

Slouží 4

Ingredience

500g/1lb 2oz lilek, nakrájený na plátky

4 lžíce rafinovaného rostlinného oleje

Na marinádu:

1 lžička chilli prášku

½ lžičky mletého černého pepře

½ lžičky kurkumy

1 lžička amchoor*

Sůl podle chuti

1 lžíce rýžové mouky

Metoda

- Ingredience na marinádu smícháme dohromady. Touto směsí marinujte plátky lilku 10 minut.
- Na pánvi rozehřejte olej. Přidejte plátky lilku. Smažte je na mírném ohni 7 minut. Plátky otočte a znovu smažte 3 minuty. Podávejte horké.

Červené rajčatové kari

Slouží 4

Ingredience

1 lžíce arašídů, nasucho opražených (viztechniky vaření)

1 lžíce kešu oříšků, pražených (viztechniky vaření)

4 rajčata, nakrájená

1 malá zelená paprika, nakrájená

3 lžíce rafinovaného rostlinného oleje

1 lžička zázvorové pasty

1 lžička česnekové pasty

1 velká cibule, nakrájená

1½ lžičky garam masala

¼ lžičky kurkumy

½ lžičky cukru

Sůl podle chuti

Metoda

- Arašídy a kešu ořechy smíchejte dohromady a umelte. Dát stranou.

- Rajčata a zelenou papriku umeleme dohromady. Dát stranou.

- Na pánvi rozehřejte olej. Přidejte zázvorovou pastu a česnekovou pastu. Smažte na středním plameni minutu. Přidejte cibuli, garam masalu, kurkumu, cukr a sůl. Směs smažte 2-3 minuty.

- Přidejte směs arašídů a kešu ořechů a směs rajčat a pepře. Dobře promíchejte. Přikryjeme pokličkou a dusíme 15 minut. Podávejte horké.

Aloo Matar Curry

(bramborové a hráškové kari)

Slouží 4

Ingredience

1½ lžíce rafinovaného rostlinného oleje

1 lžička semínek kmínu

1 velká cibule, nakrájená nadrobno

½ lžičky kurkumy

1 lžička mletého koriandru

1 lžička mletého kmínu

1 lžička chilli prášku

200g/7oz rajčatový protlak

Sůl podle chuti

2 velké brambory, nakrájené

400g/14oz hrášek

120 ml/4 fl oz vody

Metoda

- V hrnci rozehřejte olej. Přidejte semínka kmínu. Nechte je prskat 15 sekund. Přidejte cibuli. Smažte na středním plameni, dokud nezhnědne.

- Přidejte zbývající ingredience. Vařte 15 minut. Podávejte horké.

Badshahi Baingan

(lilek v královském stylu)

Slouží 4

Ingredience

8 malých lilků

Sůl podle chuti

30 g/1 oz ghí

2 velké cibule, nakrájené na plátky

1 lžíce kešu oříšků

1 lžíce rozinek

1 lžička zázvorové pasty

1 lžička česnekové pasty

1 lžička mletého koriandru

1 lžička garam masala

¼ lžičky kurkumy

200g/7oz jogurt

1 lžička listů koriandru, nasekaných

Metoda

- Lilky podélně rozpůlíme. Potřete je solí a dejte na 10 minut stranou. Vymačkejte přebytečnou vlhkost a znovu dejte stranou.

- V hrnci rozehřejte ghí. Přidejte cibuli, kešu oříšky a rozinky. Smažte je na středním plameni do zlatohněda. Sceďte a dejte stranou.

- Ke stejnému ghí přidejte lilky a na středním plameni je smažte, dokud nezměknou. Sceďte a dejte stranou.

- Přidejte zázvorovou pastu a česnekovou pastu do stejného ghí. Smažte minutu. Vmíchejte zbývající ingredience. Vařte 7-8 minut na středním plameni.

- Přidejte lilky. Vařte 2 minuty. Ozdobte osmaženou cibulkou, kešu oříšky a rozinkami. Podávejte horké.

Brambory v Garam Masala

Slouží 4

Ingredience

3 lžíce rafinovaného rostlinného oleje

1 velká cibule, nakrájená nadrobno

10 stroužků česneku, jemně nasekaných

½ lžičky kurkumy

1 lžička garam masala

Sůl podle chuti

3 velké brambory, vařené a nakrájené na kostičky

240 ml/6 fl oz vody

Metoda

- V hrnci rozehřejte olej. Přidejte cibuli a česnek. Smažte 2 minuty.
- Přidejte zbývající ingredience a dobře promíchejte. Podávejte horké.

tamilská Korma

(Míchaná zelenina na tamilský způsob)

Slouží 4

Ingredience

4 lžíce rafinovaného rostlinného oleje

1 lžička semínek kmínu

2 velké brambory, nakrájené

2 velké mrkve, nakrájené

100 g francouzských fazolí, nakrájených

Sůl podle chuti

Na směs koření:

100 g čerstvého kokosu, strouhaného

4 zelené chilli papričky

100 g listů koriandru, nasekaných

1 lžička máku

1 lžička zázvorové pasty

1 lžička kurkuma

Metoda

- Všechny přísady směsi koření rozetřete na hladkou pastu. Dát stranou.

- Zahřejte olej. Přidejte semínka kmínu. Nechte je prskat 15 sekund.

- Přidejte zbývající přísady a mletou směs koření. Vařte 15 minut na mírném ohni za občasného míchání. Podávejte horké.

Suchý lilek s cibulí a bramborem

Slouží 4

Ingredience

3 lžíce rafinovaného rostlinného oleje

1 lžička hořčičného semínka

300 g/10 oz lilku, nakrájeného

¼ lžičky kurkumy

3 malé cibule, nakrájené nadrobno

2 velké brambory, vařené a nakrájené na kostičky

1 lžička chilli prášku

1 lžička amchoor*

Sůl podle chuti

Metoda

- V hrnci rozehřejte olej. Přidejte hořčičná semínka. Nechte je prskat 15 sekund.
- Přidejte lilek a kurkumu. Smažte na mírném ohni 10 minut.
- Přidejte zbývající ingredience. Dobře promíchejte. Přikryjeme pokličkou a dusíme 10 minut. Podávejte horké.

Koftas Lajawab

(Sýrové knedlíky v omáčce)

Slouží 4

Ingredience

3 lžíce rafinovaného rostlinného oleje

3 velké cibule, nastrouhané

2,5 cm/1 palec kořen zázvoru, mletý

3 rajčata, protlak

1 lžička kurkuma

Sůl podle chuti

120 ml/4 fl oz vody

Pro kofty:

400g/14oz sýr Cheddar, rozmačkaný

250g/9oz kukuřičná mouka

½ lžičky čerstvě mletého černého pepře

1 lžička garam masala

Sůl podle chuti

Rafinovaný rostlinný olej pro hluboké smažení

Metoda

- Všechny ingredience na koftu kromě oleje smícháme dohromady. Rozdělte na kuličky velikosti vlašského ořechu. V hrnci rozehřejte olej. Přidejte kofty. Smažte je na středním plameni, dokud nezískají zlatohnědou barvu. Sceďte a dejte stranou.

- V hrnci rozehřejte 3 lžíce oleje. Přidejte cibuli a smažte do hněda.

- Přidejte zbývající ingredience a důkladně promíchejte. Vařte 8 minut za občasného míchání. Přidejte koftas do této omáčky a podávejte horké.

Teekha Baingan Masala

(horký lilek)

Slouží 4

Ingredience

2 lžíce rafinovaného rostlinného oleje

3 velké cibule, mleté

10 stroužků česneku, rozdrcených

2,5 cm kořenového zázvoru, strouhaný

1 lžička tamarindové pasty

2 lžíce garam masala

Sůl podle chuti

500g/1lb 2oz malých lilků, nakrájených

Metoda

- V hrnci rozehřejte 2 lžíce oleje. Přidejte cibuli. Smažte na středním plameni 3 minuty. Přidejte česnek, zázvor, tamarind, garam masalu a sůl. Dobře promíchejte.

- Přidejte lilky. Dobře promíchejte. Přikryjeme pokličkou a za občasného míchání vaříme na mírném ohni 15 minut. Podávejte horké.

Zeleninová Kofta

(Zeleninové knedlíky ve smetanové omáčce)

Slouží 4

Ingredience
6 velkých brambor, oloupaných a nakrájených

3 velké mrkve, oloupané a nakrájené

Sůl podle chuti

Mouka na obalování

2 lžíce rafinovaného rostlinného oleje plus extra pro hluboké smažení

3 velké cibule, nakrájené nadrobno

4 stroužky česneku, jemně nasekané

2,5 cm kořenového zázvoru, jemně nasekaný

4 hřebíčky, mleté

½ lžičky kurkumy

2 rajčata, protlak

1 lžička chilli prášku

4 lžíce dvojité smetany

25g/malá 1oz listů koriandru, nasekaných

Metoda

- Brambory a mrkev vařte v osolené vodě 15 minut. Sceďte a rezervujte si zásoby. Zeleninu osolíme a rozmačkáme.

- Kaši rozdělte na kuličky o velikosti citronu. Posypeme moukou a kofty opečeme na oleji na středním plameni do zlatova. Dát stranou.

- V hrnci rozehřejte 2 lžíce oleje. Přidejte cibuli, česnek, zázvor, hřebíček a kurkumu. Smažte na středním plameni 4-5 minut. Přidejte rajčata, chilli a zeleninový vývar. Vařte 4 minuty.

- Přidejte kofty. Ozdobte smetanou a lístky koriandru. Podávejte horké.

Suchá dýně

Ingredience

3 lžíce rafinovaného rostlinného oleje

1 lžička semínek kmínu

¼ lžičky kurkumy

¾ lžičky mletého koriandru

Sůl podle chuti

750g/1lb 10oz dýně, nakrájená

60 ml/2 fl oz vody

Metoda

- V hrnci rozehřejte olej. Přidejte semínka kmínu a kurkumu. Nechte je prskat 15 sekund.
- Přidejte zbývající ingredience. Dobře promíchejte. Přikryjeme pokličkou a dusíme 15 minut. Podávejte horké.

Míchaná zelenina s pískavicí

Slouží 4

Ingredience

4-5 lžic rafinovaného rostlinného oleje

1 lžička hořčičného semínka

½ lžičky semínek pískavice řecké seno

2 velké cibule, nakrájené nadrobno

2 velké sladké brambory, nakrájené na kostičky

4 malé lilky, nakrájené na kostičky

2 velké zelené papriky, nakrájené na kostičky

3 velké brambory, nakrájené na kostičky

100 g francouzských fazolí, nakrájených

½ lžičky kurkumy

1 lžička chilli prášku

2 lžíce tamarindové pasty

1 lžíce koriandrových listů, nasekaných

8-10 kari listů

1 lžička cukru

Sůl podle chuti

750 ml/1¼ pinty vody

Metoda

- V hrnci rozehřejte olej. Přidejte semínka hořčice a pískavice. Nechte je prskat 15 sekund. Přidejte cibuli. Smažte do průhlednosti.

- Přidejte zbývající přísady, kromě vody. Dobře promíchejte. Přidejte vodu. Vařte 20 minut. Podávejte horké.

Dum Gobhi

(Pomalu vařený květák)

Slouží 4

Ingredience

2,5 cm/1 palec kořen zázvoru, julienned

2 rajčata, nakrájená nadrobno

¼ lžičky kurkumy

1 lžíce jogurtu

½ lžičky garam masala

Sůl podle chuti

800g/1¾lb květákové růžičky

Metoda

- Všechny ingredience kromě růžičky květáku smícháme dohromady.
- Růžičky květáku dejte do hrnce a zalijte touto směsí. Přikryjeme pokličkou a za občasného míchání dusíme 20 minut. Podávejte horké.

Chhole

(Cizrnové kari)

Slouží 5

Ingredience

375 g cizrny, namočené přes noc

1 litr/1¾ pinty vody

Sůl podle chuti

1 rajče, nakrájené nadrobno

3 malé cibule, nakrájené nadrobno

1 ½ lžíce koriandrových listů, jemně nasekaných

2 lžíce rafinovaného rostlinného oleje

1 lžička semínek kmínu

1 lžička zázvorové pasty

1 lžička česnekové pasty

2 bobkové listy

1 lžička cukru

1 lžička chilli prášku

½ lžičky kurkumy

1 lžíce ghí

4 zelené chilli papričky, podélně rozkrojené

½ lžičky mleté skořice

½ lžičky mletého hřebíčku

Šťáva z 1 citronu

Metoda

- Smíchejte cizrnu s polovinou vody a solí. Tuto směs vařte v hrnci na středním plameni 30 minut. Stáhneme z plotny a cizrnu scedíme.

- Rozemlejte 2 lžíce cizrny s polovinou rajčat, jednou cibulí a polovinou lístků koriandru na jemnou pastu. Dát stranou.

- Ve velkém hrnci rozehřejte olej. Přidejte semínka kmínu. Nechte je prskat 15 sekund.

- Přidejte zbývající cibuli, zázvorovou pastu a česnekovou pastu. Tuto směs smažte na středním plameni, dokud cibule nezhnědne.

- Přidejte zbývající rajče spolu s bobkovými listy, cukrem, chilli práškem, kurkumou a cizrnovo-rajčatovým protlakem. Tuto směs smažte na středním plameni 2-3 minuty.

- Přidejte zbývající cizrnu se zbývající vodou. Vařte 8-10 minut. Dát stranou.

- V malém hrnci rozehřejte ghí. Přidejte zelené chilli papričky, mletou skořici a hřebíček. Nechte je prskat 30 sekund. Touto směsí nalijte cizrnu. Dobře promíchejte. Posypte citronovou šťávou a zbývajícími lístky koriandru na vrch chhole. Podávejte horké.

Lilek kari s cibulí a bramborem

Slouží 4

Ingredience

3 lžíce rafinovaného rostlinného oleje

2 velké cibule, nakrájené nadrobno

1 lžička zázvorové pasty

1 lžička česnekové pasty

1 lžička mletého koriandru

1 lžička mletého kmínu

1 lžička chilli prášku

¼ lžičky kurkumy

120 ml/4 fl oz vody

Sůl podle chuti

250g/9oz malé lilky

250g/9oz baby brambor, půlené

50 g listů koriandru, jemně nasekaných

Metoda

- V hrnci rozehřejte olej. Přidejte cibuli. Smažte, dokud nebudou průsvitné.
- Přidejte zbývající ingredience, kromě lístků koriandru. Dobře promíchejte. Vařte 15 minut.
- Ozdobte lístky koriandru. Podávejte horké.

Jednoduchá láhev tykev

Slouží 4

Ingredience

½ lžíce ghí

1 lžička semínek kmínu

2 zelené chilli papričky, podélně rozkrojené

750g/1lb 10oz láhev tykve*, sekaný

Sůl podle chuti

120 ml/4 fl oz mléka

1 lžíce sušeného kokosu

10 g/¼ oz lístků koriandru, jemně nasekaných

Metoda

- V hrnci rozehřejte ghí. Přidejte kmín a zelené chilli papričky. Nechte je prskat 15 sekund.
- Přidejte láhev tykve, sůl a mléko. Vařte 10-12 minut.
- Přidejte zbývající ingredience. Dobře promíchejte. Podávejte horké.

Míchané zeleninové kari

Slouží 4

Ingredience

3 lžíce rafinovaného rostlinného oleje

1 lžička semínek kmínu

1 lžička mletého koriandru

½ lžičky mletého kmínu

1 lžička chilli prášku

¼ lžičky kurkumy

½ lžičky cukru

1 mrkev, nakrájená na proužky

1 velký brambor, nakrájený na kostičky

200 g francouzských fazolí, nasekaných

50 g růžičky květáku

Sůl podle chuti

200g/7oz rajčatový protlak

120 ml/4 fl oz vody

10 g/¼ oz lístků koriandru, jemně nasekaných

Metoda

- V hrnci rozehřejte olej. Přidejte semínka kmínu, mletý koriandr a mletý kmín. Nechte je prskat 15 sekund.
- Přidejte zbývající ingredience, kromě lístků koriandru. Důkladně promíchejte. Vařte 15 minut.
- Kari ozdobte lístky koriandru. Podávejte horké.

Suchá míchaná zelenina

Slouží 4

Ingredience

3 lžíce rafinovaného rostlinného oleje

1 lžička semínek kmínu

1 lžička mletého koriandru

½ lžičky mletého kmínu

¼ lžičky kurkumy

1 mrkev, julienned

1 velký brambor, nakrájený na kostičky

200 g francouzských fazolí, nasekaných

60g/2oz květákové růžičky

Sůl podle chuti

120 ml/4 fl oz vody

10g/¼oz listů koriandru, nasekaných

Metoda

- V hrnci rozehřejte olej. Přidejte semínka kmínu. Nechte je prskat 15 sekund.
- Přidejte zbývající ingredience, kromě lístků koriandru. Důkladně promícháme a vaříme 15 minut na mírném ohni.
- Ozdobte lístky koriandru a podávejte horké.

Sušené brambory a hrášek

Ingredience

3 lžíce rafinovaného rostlinného oleje

1 lžička semínek kmínu

½ lžičky kurkumy

1 lžička garam masala

2 velké brambory, vařené a nakrájené na kostičky

400 g vařeného hrášku

Sůl podle chuti

Metoda

- V hrnci rozehřejte olej. Přidejte semínka kmínu a kurkumu. Nechte je prskat 15 sekund.
- Přidejte zbývající ingredience. Smažte na středním plameni 5 minut. Podávejte horké.

Dhokar Dhalna

(Bengal Gram Curry)

Slouží 4

Ingredience

300 g/10 oz chana dhal*, namočené přes noc

2 lžíce hořčičného oleje

1 lžička semínek kmínu

Sůl podle chuti

5 cm/2 palce skořice

4 zelené lusky kardamomu

6 hřebíčků

½ lžičky kurkumy

½ lžičky cukru

250 ml/8 fl oz vody

3 velké brambory, nakrájené na kostičky a smažené

Metoda

- Rozemlejte chana dhal s dostatečným množstvím vody, aby vznikla hladká pasta. Dát stranou.

- V hrnci rozehřejte polovinu oleje. Přidejte polovinu semínek kmínu. Nechte je prskat 15 sekund. Přidejte dhal pastu a sůl. Smažte 2-3 minuty. Scedíme a rozprostřeme na velký talíř a necháme ztuhnout. Nakrájejte na kousky 2,5 cm/1 palec. Dát stranou.

- Tyto kousky dhalu smažte ve zbývajícím oleji do zlatohněda. Dát stranou.

- Do stejného oleje přidejte zbývající ingredience kromě brambor. Vařte 2 minuty. Přidejte brambory a kousky dhalu. Dobře promíchejte. Vařte na mírném ohni 4-5 minut. Podávejte horké.

Pikantní smažené brambory

Slouží 4

Ingredience

250 ml/8 fl oz rafinovaného rostlinného oleje

3 velké brambory nakrájené na tenké nudličky

½ lžičky chilli prášek

1 lžička čerstvě mletého černého pepře

Sůl podle chuti

Metoda

- V hrnci rozehřejte olej. Přidejte bramborové nudličky. Smažte je na středním plameni, dokud nezískají zlatohnědou barvu.
- Sceďte a dobře promíchejte se zbylými ingrediencemi. Podávejte horké.

Dýně s vařeným gramem

Slouží 4

Ingredience

1 polévková lžíce rafinovaného rostlinného oleje

1 lžička semínek kmínu

½ lžičky kurkumy

500g/1lb 2oz dýně nakrájená na kousky

125g/4½oz kaala chana*, vařené

1 lžička mletého koriandru

1 lžička mletého kmínu

1 lžička chilli prášku

Sůl podle chuti

120 ml/4 fl oz vody

10 g/¼ oz lístků koriandru, jemně nasekaných

Metoda

- V hrnci rozehřejte olej. Přidejte semínka kmínu a kurkumu. Nechte je prskat 15 sekund.

- Přidejte zbývající ingredience, kromě vody a koriandrových listů. Směs smažte na středním plameni 2-3 minuty.

- Přidejte vodu. Dobře promíchejte. Přikryjeme pokličkou a za občasného míchání dusíme 15 minut.

- Ozdobte lístky koriandru. Podávejte horké.

Dum Aloo

(Pomalu vařené brambory)

Slouží 4

Ingredience

1 polévková lžíce rafinovaného rostlinného oleje

500g/1lb 2oz baby brambor, vařené a oloupané

Sůl podle chuti

1 lžička tamarindové pasty

Pro pastu:

½ lžičky chilli prášek

¼ lžičky kurkumy

¼ lžičky černého pepře

2 lžičky semínek koriandru

1 černý kardamom

2,5 cm/1 palec skořice

2 hřebíčky

6 stroužků česneku

Metoda

- Ingredience na pastu spolu rozemelte. Na pánvi rozehřejte olej. Přidejte pastu. Smažte na středním plameni 10 minut.

- Přidejte zbývající ingredience. Dobře promíchejte. Vařte 8 minut. Podávejte horké.

Zeleninová Makkhanwala

(Zelenina na másle)

Slouží 4

Ingredience

120 ml/4 fl oz jeden krém

½ lžičky hladké bílé mouky

120 ml/4 fl oz mléka

4 lžíce kečupu

1 lžíce másla

2 velké cibule, nakrájené nadrobno

500g/1lb 2oz míchaná mražená zelenina

1 lžička garam masala

½ lžičky chilli prášek

Sůl podle chuti

Metoda

- Smetanu, mouku, mléko a kečup smícháme. Dát stranou.
- V hrnci rozehřejte máslo. Přidejte cibuli. Smažte je na středním plameni, dokud nebudou průsvitné.

- Přidejte zeleninu, garam masalu, chilli prášek, sůl a směs smetanové mouky. Dobře promíchejte. Vařte 10-12 minut. Podávejte horké.

Francouzské fazole s Mung Dhal

Ingredience

1 polévková lžíce rafinovaného rostlinného oleje

1 lžička hořčičného semínka

¼ lžičky kurkumy

2 zelené chilli papričky, podélně rozkrojené

400g/14oz francouzské fazole, nasekané

3 lžíce mung dhal*, namočené 30 minut a scezené

Sůl podle chuti

120 ml/4 fl oz vody

2 lžíce listů koriandru, nasekaných

Metoda

- V hrnci rozehřejte olej. Přidejte hořčičná semínka, kurkumu a zelené chilli. Nechte je prskat 15 sekund.
- Přidejte zbývající ingredience, kromě vody a koriandrových listů. Dobře promíchejte. Přidejte vodu. Vařte 15 minut.
- Přidejte lístky koriandru a podávejte horké.

Pikantní brambory s jogurtovou omáčkou

Ingredience

1 lžička besanu*, smíchaný se 4 lžícemi vody

200g/7oz jogurt

750g/1lb 10oz brambor, vařené a nakrájené na kostičky

½ lžičky chaat masala*

½ lžičky mletého kmínu, nasucho praženého (viztechniky vaření)

½ lžičky chilli prášek

¼ lžičky kurkumy

1 polévková lžíce rafinovaného rostlinného oleje

1 lžička bílých sezamových semínek

2 sušené červené chilli papričky nakrájené na čtvrtky

Sůl podle chuti

10 g/¼ oz lístků koriandru, jemně nasekaných

Metoda

- Besanovou pastu vyšleháme s jogurtem. Dát stranou.

- Brambory smíchejte s chaat masalou, mletým kmínem, chilli práškem a kurkumou. Dát stranou.

- V hrnci rozehřejte olej. Přidejte sezamová semínka a kousky chilli. Nechte je prskat 15 sekund.

- Přidejte brambory, jogurtovou směs a sůl. Dobře promíchejte. Vařte 4-5 minut. Ozdobte lístky koriandru. Podávejte horké.

Plněná zelená paprika

Slouží 4

Ingredience

4 lžíce rafinovaného rostlinného oleje

1 velká cibule, mletá

½ lžičky zázvorové pasty

½ lžičky česnekové pasty

1 lžička garam masala

2 velké brambory, vařené a rozmačkané

50 g vařeného hrášku

1 malá mrkev, vařená a nakrájená

Špetka asafoetidy

Sůl podle chuti

8 malých zelených paprik bez jader

Metoda

- Na pánvi rozehřejte ½ lžíce oleje. Přidejte cibuli a smažte, dokud není průhledná.

- Přidejte zbývající ingredience, kromě paprik. Dobře promíchejte. Smažte 3-4 minuty.

- Tuto směs naplňte do paprik. Dát stranou.

- Na pánvi rozehřejte zbývající olej. Přidejte plněné papriky. Smažte je na mírném ohni 7-10 minut, občas je otočte. Podávejte horké.

Doi Phulkopi Aloo

(Bengálský květák a brambory v jogurtu)

Slouží 4

Ingredience

300g/10oz jogurt

¼ lžičky kurkumy

1 lžička cukru

Sůl podle chuti

200 g růžičky květáku

4 brambory, nakrájené na kostičky a lehce osmažené

2 lžíce hořčičného oleje

5 cm/2 palce skořice

4 zelené lusky kardamomu

6 hřebíčků

2 bobkové listy

Metoda

- Smíchejte jogurt, kurkumu, cukr a sůl. Touto směsí marinujte květák a brambory 20 minut.

- V hrnci rozehřejte olej. Zbývající přísady smažte 1-2 minuty.

- Přidejte marinovanou zeleninu. Vařte na mírném ohni 6-7 minut. Podávejte horké.

Zelený pepř s Besanem

Slouží 4

Ingredience

4 lžíce rafinovaného rostlinného oleje

½ lžičky hořčičného semínka

500g/1lb 2oz zelené papriky, zbavené jádřinců a nakrájené

½ lžičky kurkumy

½ lžičky mletého koriandru

½ lžičky mletého kmínu

500g/1lb 2oz besan*smíchaný se 120 ml/4 fl oz vody

1 lžička cukru

Sůl podle chuti

1 lžíce listů koriandru

Metoda

- V hrnci rozehřejte olej. Přidejte hořčičná semínka. Nechte je prskat 15 sekund.
- Přidejte zelenou papriku, kurkumu, mletý koriandr a mletý kmín. Dobře promíchejte. Přikryjeme pokličkou a dusíme 5-7 minut.
- Přidejte besan, cukr a sůl. Míchejte, dokud besan nepokryje papriky. Ozdobte lístky koriandru. Podávejte horké.

Lilek s hráškem

Ingredience

2 lžíce rafinovaného rostlinného oleje

½ lžičky hořčičného semínka

Špetka asafoetidy

½ lžičky kurkumy

2 velké cibule, nakrájené nadrobno

2 rajčata, nakrájená nadrobno

1 lžička cukru

Sůl podle chuti

120 ml/4 fl oz vody

300 g/10 oz malých lilků, nakrájených

400g/14oz čerstvého zeleného hrášku

25g/malá 1oz listů koriandru

Metoda

- V hrnci rozehřejte olej. Přidejte hořčičná semínka, asafoetidu a kurkumu. Nechte je prskat 15 sekund.
- Přidejte cibuli. Smažte, dokud nezhnědnou. Přidejte rajčata, cukr, sůl, vodu, lilek a hrášek. Dobře promíchejte. Přikryjte pokličkou. Vařte 10 minut.
- Ozdobte lístky koriandru. Podávejte horké.

Bandakopir Ghonto

(Bengálské zelí s hráškem)

Slouží 4

Ingredience

2 lžíce hořčičného oleje

1 lžička semínek kmínu

4 zelené chilli papričky, nakrájené

½ lžičky kurkumy

1 lžička cukru

150 g zelí, jemně nakrájené

400g/14oz mražený hrášek

Sůl podle chuti

¼ lžičky mleté skořice

¼ lžičky mletého kardamomu

¼ lžičky mletého hřebíčku

Metoda

- V hrnci rozehřejte olej. Přidejte kmín a zelené chilli papričky. Nechte je prskat 15 sekund.

- Přidejte kurkumu, cukr, zelí, hrášek a sůl. Dobře promíchejte. Přikryjeme pokličkou a vaříme na mírném ohni 8-10 minut.

- Ozdobte mletou skořicí, kardamomem a hřebíčkem. Podávejte horké.

Bhaja Mashlar začal

(Smažený lilek Masala)

Slouží 4

Ingredience

4 lžíce hořčičného oleje

3 suché červené chilli papričky

¼ lžičky semínek pískavice řecké seno

400g/14oz dlouhý lilek, nakrájený na kostičky

2 zelené chilli papričky nakrájené nadrobno

200g/7oz řecký jogurt

1 lžička cukru

½ lžičky kurkumy

1 lžička mletého kmínu, nasucho opraženého (viz techniky vaření)

Sůl podle chuti

Metoda

- V hrnci rozehřejte olej. Přidejte červené chilli papričky a semena pískavice řecké seno. Nechte je prskat 15 sekund.
- Přidejte lilek a zelené chilli. Smažte je 4-5 minut.
- Přidejte zbývající ingredience. Dobře promíchejte. Vařte na mírném ohni 7-8 minut. Podávejte horké.

Zunka

(Pikantní kari z gramové mouky)

Slouží 4

Ingredience

750 g / 1 lb 10 oz besan*, nasucho pražené

400 ml/14 fl oz vody

4 lžíce rafinovaného rostlinného oleje

½ lžičky hořčičného semínka

½ lžičky semínek kmínu

½ lžičky kurkumy

3-4 zelené chilli papričky, podélně rozkrojené

10 stroužků česneku, rozdrcených

3 malé cibule, nakrájené nadrobno

1 lžička tamarindové pasty

Sůl podle chuti

Metoda

- Smíchejte besan s dostatečným množstvím vody, aby vznikla hustá pasta. Dát stranou.

- V hrnci rozehřejte olej. Přidejte semínka hořčice a kmínu. Nechte je prskat 15 sekund. Přidejte zbývající ingredience. Smažte minutu. Přidejte besanovou pastu a neustále míchejte na mírném ohni, dokud nezhoustne. Podávejte horké.

Tuřín kari

Slouží 4

Ingredience

3 lžičky máku

3 lžičky sezamových semínek

3 lžičky semínek koriandru

3 lžičky strouhaného čerstvého kokosu

125 g/4 ½ unce jogurtu

120 ml/4 fl oz rafinovaného rostlinného oleje

2 velké cibule, nakrájené nadrobno

1 ½ lžičky chilli prášek

1 lžička zázvorové pasty

1 lžička česnekové pasty

400 g tuřínu, nakrájeného

Sůl podle chuti

Metoda

- Mák, sezamová a koriandrová semínka a kokos opražte nasucho 1–2 minuty. Rozdrťte na pastu.

- Tuto pastu vyšleháme s jogurtem. Dát stranou.

- V hrnci rozehřejte olej. Přidejte zbývající ingredience. Smažte je na středním plameni 5 minut. Přidejte jogurtovou směs. Vařte 7-8 minut. Podávejte horké.

Chhaner Dhalna

(Paneer v bengálském stylu)

Slouží 4

Ingredience

2 lžíce hořčičného oleje plus navíc na smažení

225g/8oz paneer*, na kostičky

2,5 cm/1 palec skořice

3 lusky zeleného kardamomu

4 hřebíčky

½ lžičky semínek kmínu

1 lžička kurkuma

2 velké brambory, nakrájené na kostičky a smažené

½ lžičky chilli prášek

2 lžičky cukru

Sůl podle chuti

250 ml/8 fl oz vody

2 lžíce listů koriandru, nasekaných

Metoda

- Na pánvi rozehřejte olej na hluboké smažení. Přidejte paneer a smažte na středním plameni do zlatohněda. Sceďte a dejte stranou.

- V hrnci rozehřejte zbývající olej. Přidejte zbývající ingredience, kromě vody a koriandrových listů. Smažte 2-3 minuty.

- Přidejte vodu. Vařte 7-8 minut. Přidejte paneer. Vařte dalších 5 minut. Ozdobte lístky koriandru. Podávejte horké.

Kukuřice s kokosem

Ingredience

2 lžíce ghí

600g/1lb 5oz kukuřičných zrn, vařených

1 lžička cukru

1 lžička soli

10 g/¼ oz lístků koriandru, jemně nasekaných

Na kokosovou pastu:

50 g čerstvého strouhaného kokosu

3 lžíce máku

1 lžička semínek koriandru

2,5 cm/1 palec kořen zázvoru, julienned

3 zelené chilli papričky

125g/4½oz arašídů

Metoda

- Všechny ingredience na kokosovou pastu nahrubo namelte. Na pánvi rozehřejte ghí. Přidejte pastu a za stálého míchání smažte 4-5 minut.

- Přidejte kukuřici, cukr a sůl. Vařte na mírném ohni 4-5 minut.

- Ozdobte lístky koriandru. Podávejte horké.

Zelená paprika s bramborem

Slouží 4

Ingredience

2 lžíce rafinovaného rostlinného oleje

1 lžička semínek kmínu

10 stroužků česneku, jemně nasekaných

3 velké brambory, nakrájené na kostičky

2 lžičky mletého koriandru

1 lžička mletého kmínu

½ lžičky kurkumy

½ lžičky amchoor_*

½ lžičky garam masala

Sůl podle chuti

3 velké zelené papriky, julienned

3 lžíce koriandrových listů, nasekaných

Metoda

- V hrnci rozehřejte olej. Přidejte semínka kmínu a česnek. Smažte 30 sekund.

- Přidejte zbývající ingredience, kromě paprik a koriandrových listů. Smažte na středním plameni 5-6 minut.

- Přidejte papriky. Za stálého míchání smažte na mírném ohni dalších 5 minut. Ozdobte lístky koriandru. Podávejte horké.

Pikantní hrášek s bramborami

Slouží 4

Ingredience

2 lžíce rafinovaného rostlinného oleje

1 lžička zázvorové pasty

1 velká cibule, nakrájená nadrobno

2 velké brambory, nakrájené na kostičky

500g/1lb 2oz konzervovaný hrášek

½ lžičky kurkumy

Sůl podle chuti

½ lžičky garam masala

2 velká rajčata, nakrájená na kostičky

½ lžičky chilli prášek

1 lžička cukru

1 lžíce koriandrových listů, nasekaných

Metoda

- V hrnci rozehřejte olej. Přidejte zázvorovou pastu a cibuli. Smažte je, dokud cibule není průhledná.

- Přidejte zbývající ingredience, kromě lístků koriandru. Dobře promíchejte. Přikryjeme pokličkou a na mírném ohni vaříme 10 minut.

- Ozdobte lístky koriandru. Podávejte horké.

Dušené houby

Ingredience

2 lžíce rafinovaného rostlinného oleje

4 zelené chilli papričky, podélně rozkrojené

8 stroužků česneku, rozdrcených

100 g zelené papriky, nakrájené na plátky

400 g žampionů nakrájených na plátky

Sůl podle chuti

½ lžičky hrubě mletého černého pepře

25g/malá 1oz listů koriandru, nasekaných

Metoda

- Na pánvi rozehřejte olej. Přidejte zelené chilli, česnek a zelenou papriku. Smažte je na středním plameni 1-2 minuty.

- Přidejte houby, sůl a pepř. Dobře promíchejte. Smažte na středním plameni do měkka. Ozdobte lístky koriandru. Podávejte horké.

Pikantní houba s baby kukuřicí

Slouží 4

Ingredience

2 lžíce rafinovaného rostlinného oleje

1 lžička semínek kmínu

2 bobkové listy

1 lžička zázvorové pasty

2 zelené chilli papričky nakrájené nadrobno

1 velká cibule, nakrájená nadrobno

200 g žampionů, rozpůlených

8-10 dětských kukuřic, nakrájených

125g/4½oz rajčatový protlak

½ lžičky kurkumy

Sůl podle chuti

½ lžičky garam masala

½ lžičky cukru

10g/¼oz listů koriandru, nasekaných

Metoda

- V hrnci rozehřejte olej. Přidejte semínka kmínu a bobkové listy. Nechte je prskat 15 sekund.

- Přidejte zázvorovou pastu, zelené chilli a cibuli. Smažte 1-2 minuty.

- Přidejte zbývající ingredience, kromě lístků koriandru. Dobře promíchejte. Přikryjeme pokličkou a na mírném ohni vaříme 10 minut.

- Ozdobte lístky koriandru. Podávejte horké.

Suchý pikantní květák

Slouží 4

Ingredience
750g/1lb 10oz květákové růžičky

Sůl podle chuti

Špetka kurkumy

4 bobkové listy

750 ml/1¼ pinty vody

2 lžíce rafinovaného rostlinného oleje

4 hřebíčky

4 zelené lusky kardamomu

1 velká cibule, nakrájená na plátky

1 lžička zázvorové pasty

1 lžička česnekové pasty

1 lžička garam masala

½ lžičky chilli prášek

¼ lžičky mletého černého pepře

10 kešu ořechů, mletých

2 lžíce jogurtu

3 lžíce rajčatového protlaku

3 lžíce másla

60ml/2fl oz jeden krém

Metoda

- Květák vařte se solí, kurkumou, bobkovými listy a vodou v hrnci na středním plameni 10 minut. Sceďte a naskládejte růžičky do zapékací mísy. Dát stranou.

- V hrnci rozehřejte olej. Přidejte hřebíček a kardamom. Nechte je prskat 15 sekund.

- Přidejte cibuli, zázvorovou pastu a česnekovou pastu. Smažte minutu.

- Přidejte garam masalu, chilli prášek, pepř a kešu oříšky. Smažte 1-2 minuty.

- Přidejte jogurt a rajčatový protlak. Důkladně promíchejte. Přidejte máslo a smetanu. Míchejte minutu. Sundejte z plotny.

- Tou nalijte na růžičky květáku. Pečte při 150 °C (300 °F, plynová značka 2) v předehřáté troubě 8–10 minut. Podávejte horké.

Houbové kari

Ingredience

3 lžíce rafinovaného rostlinného oleje

2 velké cibule, nastrouhané

1 lžička zázvorové pasty

1 lžička česnekové pasty

½ lžičky kurkumy

1 lžička chilli prášku

1 lžička mletého koriandru

400 g žampionů nakrájených na čtvrtky

200g/7oz hrášek

2 rajčata, nakrájená nadrobno

½ lžičky garam masala

Sůl podle chuti

20 kešu ořechů, mletých

240 ml/6 fl oz vody

Metoda

- V hrnci rozehřejte olej. Přidejte cibuli. Smažte je, dokud nejsou hnědé.

- Přidejte zázvorovou pastu, česnekovou pastu, kurkumu, chilli prášek a mletý koriandr. Na středním plameni minutu restujte.

- Přidejte zbývající ingredience. Dobře promíchejte. Přikryjeme pokličkou a dusíme 8-10 minut. Podávejte horké.

Baingan Bharta

(pečený lilek)

Ingredience

1 velký lilek

3 lžíce rafinovaného rostlinného oleje

1 velká cibule, nakrájená nadrobno

3 zelené chilli papričky, podélně rozkrojené

¼ lžičky kurkumy

Sůl podle chuti

½ lžičky garam masala

1 rajče, nakrájené nadrobno

Metoda

- Lilek po celém těle propíchejte vidličkou a grilujte 25 minut. Po vychladnutí vyhoďte opečenou slupku a dužinu rozmačkejte. Dát stranou.

- V hrnci rozehřejte olej. Přidejte cibuli a zelené chilli. Smažte na středním plameni 2 minuty.

- Přidejte kurkumu, sůl, garam masalu a rajčata. Dobře promíchejte. Smažte 5 minut. Přidejte rozmačkaný lilek. Dobře promíchejte.

- Vařte na mírném ohni 8 minut za občasného míchání. Podávejte horké.

Zelenina Hyderabadi

Slouží 4

Ingredience

2 lžíce rafinovaného rostlinného oleje

½ lžičky hořčičného semínka

1 velká cibule, nakrájená nadrobno

400g/14oz mražená, míchaná zelenina

½ lžičky kurkumy

Sůl podle chuti

Na směs koření:

2,5 cm/1 palec kořen zázvoru

8 stroužků česneku

2 hřebíčky

2,5 cm/1 palec skořice

1 lžička semínek pískavice řecké seno

3 zelené chilli papričky

4 lžíce strouhaného čerstvého kokosu

10 kešu ořechů

Metoda

- Všechny ingredience na směs koření spolu rozdrťte. Dát stranou.

- V hrnci rozehřejte olej. Přidejte hořčičná semínka. Nechte je prskat 15 sekund. Přidejte cibuli a smažte do hněda.

- Přidejte zbývající přísady a mletou směs koření. Dobře promíchejte. Vařte na mírném ohni 8-10 minut. Podávejte horké.

Kaddu Bhaji*

(Sušená červená dýně)

Slouží 4

Ingredience

3 lžíce rafinovaného rostlinného oleje

½ lžičky semínek kmínu

¼ lžičky semínek pískavice řecké seno

600g/1lb 5oz dýně, nakrájená na tenké plátky

Sůl podle chuti

½ lžičky praženého mletého kmínu

½ lžičky chilli prášek

¼ lžičky kurkumy

1 lžička amchoor*

1 lžička cukru

Metoda

- V hrnci rozehřejte olej. Přidejte kmín a semínka pískavice řecké seno. Nechte je prskat 15 sekund. Přidejte dýni a sůl. Dobře promíchejte. Přikryjeme pokličkou a vaříme na středním plameni 8 minut.

- Odkryjte a lehce rozdrťte zadní částí lžíce. Přidejte zbývající ingredience. Dobře promíchejte. Vařte 5 minut. Podávejte horké.

Muthia nu Shak

(Knedlíky pískavice řecké seno v omáčce)

Slouží 4

Ingredience

200 g čerstvých listů pískavice, jemně nasekaných

Sůl podle chuti

125g/4½oz celozrnné mouky

125g/4½oz besan*

2 zelené chilli papričky nakrájené nadrobno

1 lžička zázvorové pasty

3 lžičky cukru

Šťáva z 1 citronu

½ lžičky garam masala

½ lžičky kurkumy

Špetka sody bikarbony

3 lžíce rafinovaného rostlinného oleje

½ lžičky semínek ajowanu

½ lžičky hořčičného semínka

Špetka asafoetidy

250 ml/8 fl oz vody

Metoda

- Listy pískavice smíchejte se solí. Odstavte na 10 minut. Vytlačte vlhkost.

- Listy pískavice smíchejte s moukou, besanem, zeleným chilli, zázvorovou pastou, cukrem, citronovou šťávou, garam masalou, kurkumou a sodou bikarbona. Uhněteme na vláčné těsto.

- Těsto rozdělte na 30 kuliček velikosti vlašského ořechu. Mírně zploštěte, aby vznikl muthias. Dát stranou.

- V hrnci rozehřejte olej. Přidejte semínka ajowan, hořčičná semínka a asafoetida. Nechte je prskat 15 sekund.

- Přidejte muthias a vodu.

- Přikryjeme pokličkou a dusíme 10-15 minut. Podávejte horké.

Dýňový koot

(Dýně v Lentil Curry)

Slouží 4

Ingredience

50 g čerstvého strouhaného kokosu

1 lžička semínek kmínu

2 červené chilli papričky

150g/5½oz mung dhal*, namočené 30 minut a scezené

2 lžíce chana dhal*

Sůl podle chuti

500 ml/16 fl oz vody

2 lžíce rafinovaného rostlinného oleje

250g/9oz dýně, nakrájená na kostičky

¼ lžičky kurkumy

Metoda

- Kokos, kmín a červené chilli papričky rozemelte na pastu. Dát stranou.

- Smíchejte dhaly se solí a vodou. Tuto směs vařte v hrnci na středním plameni 40 minut. Dát stranou.

- V hrnci rozehřejte olej. Přidejte dýni, kurkumu, vařené dhaly a kokosovou pastu. Dobře promíchejte. Vařte 10 minut. Podávejte horké.

Rassa

(Květák a hrášek v omáčce)

Slouží 4

Ingredience

2 lžíce rafinovaného rostlinného oleje plus extra pro hluboké smažení

250g růžičky květáku

2 lžíce strouhaného čerstvého kokosu

1 cm/½ v kořenovém zázvoru, drcený

4-5 zelených chilli papriček, podélně rozkrojené

2-3 rajčata, nakrájená nadrobno

400g/14oz mražený hrášek

1 lžička cukru

Sůl podle chuti

Metoda

- V hrnci rozehřejte olej na hluboké smažení. Přidejte květák. Smažte na středním plameni do zlatohněda. Sceďte a dejte stranou.

- Rozdrťte kokos, zázvor, zelené chilli papričky a rajčata. V hrnci rozehřejte 2 lžíce oleje. Přidejte tuto pastu a smažte 1-2 minuty.

- Přidejte květák a zbývající ingredience. Dobře promíchejte. Vařte na mírném ohni 4-5 minut. Podávejte horké.

Doodhi Manpasand

(lahvová tykev v omáčce)

Slouží 4

Ingredience

3 lžíce rafinovaného rostlinného oleje

3 sušené červené chilli papričky

1 velká cibule, nakrájená nadrobno

500g/1lb 2oz láhev tykve_*, sekaný

¼ lžičky kurkumy

2 lžičky mletého koriandru

1 lžička mletého kmínu

½ lžičky chilli prášek

½ lžičky garam masala

2,5 cm kořenového zázvoru, jemně nasekaný

2 rajčata, nakrájená nadrobno

1 zelená paprika zbavená jádřinců, zbavená semínek a nakrájená nadrobno

Sůl podle chuti

2 lžičky lístků koriandru, nasekaných nadrobno

Metoda

- V hrnci rozehřejte olej. Smažte červené chilli papričky a cibuli po dobu 2 minut.

- Přidejte zbývající ingredience, kromě lístků koriandru. Dobře promíchejte. Vařte na mírném ohni 5-7 minut. Ozdobte lístky koriandru. Podávejte horké.

Rajčatová Chokha

(rajčatový kompot)

Slouží 4

Ingredience

6 velkých rajčat

2 lžíce rafinovaného rostlinného oleje

1 velká cibule, nakrájená nadrobno

8 stroužků česneku, nasekaných nadrobno

1 zelená chilli papřička nakrájená nadrobno

½ lžičky chilli prášek

10 g/¼ oz lístků koriandru, jemně nasekaných

Sůl podle chuti

Metoda

- Rajčata grilujeme 10 minut. Oloupejte a rozdrťte na kaši. Dát stranou.
- V hrnci rozehřejte olej. Přidejte cibuli, česnek a zelené chilli. Smažte 2-3 minuty. Přidejte zbývající ingredience a rajčatovou dužinu. Dobře promíchejte. Přikryjeme pokličkou a vaříme 5-6 minut. Podávejte horké.

Baingan Chokha

(lilkový kompot)

Ingredience

1 velký lilek

2 lžíce rafinovaného rostlinného oleje

1 malá cibule, nakrájená

8 stroužků česneku, nasekaných nadrobno

1 zelená chilli papřička nakrájená nadrobno

1 rajče, nakrájené nadrobno

60g/2oz kukuřičná zrna, vařená

10 g/¼ oz lístků koriandru, jemně nasekaných

Sůl podle chuti

Metoda

- Lilek celý propíchejte vidličkou. Grilujte 10-15 minut. Oloupejte a rozdrťte na kaši. Dát stranou.
- V hrnci rozehřejte olej. Přidejte cibuli, česnek a zelené chilli. Smažte je na středním plameni 5 minut.
- Přidejte zbývající ingredience a dužinu z lilku. Dobře promíchejte. Vařte 3-4 minuty. Podávejte horké.

Karfiol a hrášek kari

Slouží 4

Ingredience

3 lžíce rafinovaného rostlinného oleje

¼ lžičky kurkumy

3 zelené chilli papričky, podélně rozkrojené

1 lžička mletého koriandru

2,5 cm kořenového zázvoru, strouhaný

250g růžičky květáku

400g/14oz čerstvého zeleného hrášku

60 ml/2 fl oz vody

Sůl podle chuti

1 polévková lžíce lístků koriandru, jemně nasekaných

Metoda

- V hrnci rozehřejte olej. Přidejte kurkumu, zelené chilli, mletý koriandr a zázvor. Smažte na středním plameni minutu.
- Přidejte zbývající ingredience, kromě lístků koriandru. Dobře promíchejte a vařte 10 minut.
- Ozdobte lístky koriandru. Podávejte horké.

Aloo Methi ki Sabzi

(Kari z brambor a pískavice)

Slouží 4

Ingredience

100 g listů pískavice, nakrájených

Sůl podle chuti

4 lžíce rafinovaného rostlinného oleje

1 lžička semínek kmínu

5-6 zelených chilli papriček

¼ lžičky kurkumy

Špetka asafoetidy

6 velkých brambor, vařených a nakrájených

Metoda

- Listy pískavice smíchejte se solí. Odstavte na 10 minut.
- V hrnci rozehřejte olej. Přidejte semínka kmínu, chilli papričky a kurkumu. Nechte je prskat 15 sekund.
- Přidejte zbývající ingredience a listy pískavice. Dobře promíchejte. Vařte 8-10 minut na mírném ohni. Podávejte horké.

Sladkokyselá Karela

Ingredience

500g/1lb 2oz hořké tykve*

Sůl podle chuti

750 ml/1¼ pinty vody

1 cm/½ v kořenovém zázvoru

10 stroužků česneku

4 velké cibule, nakrájené

4 lžíce rafinovaného rostlinného oleje

Špetka asafoetidy

½ lžičky kurkumy

1 lžička mletého koriandru

1 lžička mletého kmínu

1 lžička tamarindové pasty

2 lžíce jaggery*, strouhaný

Metoda

- Hořké tykve oloupeme. Nakrájejte je a namočte je na 1 hodinu do slané vody. Opláchněte a vymačkejte přebytečnou vodu. Omyjte a dejte stranou.
- Zázvor, česnek a cibuli rozemelte na pastu. Dát stranou.
- V hrnci rozehřejte olej. Přidejte asafoetidu. Nechte 15 sekund prskat. Přidejte zázvorovo-cibulovou pastu a zbývající ingredience. Dobře promíchejte. Smažte 3-4 minuty. Přidejte hořké tykve. Dobře promíchejte. Přikryjeme pokličkou a vaříme na mírném ohni 8-10 minut. Podávejte horké.

Karela Košimbir

(Křupavá drcená hořká tykev)

Slouží 4

Ingredience

500g/1lb 2oz hořké tykve*, oloupané

Sůl podle chuti

Rafinovaný rostlinný olej na smažení

2 středně velké cibule, nakrájené

50 g listů koriandru, nasekaných

3 zelené chilli papričky nakrájené nadrobno

½ čerstvého kokosu, strouhaného

1 lžíce citronové šťávy

Metoda

- Hořké tykve nakrájejte. Potřete je solí a nechte 2-3 hodiny odstát.
- V hrnci rozehřejte olej. Přidejte hořké tykve a smažte na středním plameni do hněda a křupava. Scedíme, trochu vychladíme a rozdrtíme prsty.
- Zbylé ingredience smícháme v míse. Přidejte tykve a podávejte, dokud jsou ještě teplé.

Karela Curry

(Bitter Gourd Curry)

Slouží 4

Ingredience

½ kokosu

2 červené chilli papričky

1 lžička semínek kmínu

3 lžíce rafinovaného rostlinného oleje

1 špetka asafoetidy

2 velké cibule, nakrájené nadrobno

2 zelené chilli papričky nakrájené nadrobno

Sůl podle chuti

½ lžičky kurkumy

500g/1lb 2oz hořké tykve*, oloupané a nakrájené

2 rajčata, nakrájená nadrobno

Metoda

- Polovinu kokosu nastrouháme a zbytek nasekáme. Dát stranou.

- Suchá pečeně (viz technicky vaření) strouhaný kokos, červené chilli papričky a kmín. Ochlaďte a společně rozetřete na jemnou pastu. Dát stranou.

- Na pánvi rozehřejte olej. Přidejte asafoetidu, cibuli, zelené chilli, sůl, kurkumu a nasekaný kokos. Smažte 3 minuty za častého míchání.

- Přidejte hořké tykve a rajčata. Vařte 3-4 minuty.

- Přidejte mletou kokosovou pastu. Vařte 5-7 minut a podávejte horké.

Chilli květák

Ingredience

3 lžíce rafinovaného rostlinného oleje

5 cm kořenového zázvoru, jemně nasekaný

12 stroužků česneku, nasekaných nadrobno

1 květák, nakrájený na růžičky

5 červených chilli papriček, nakrájených na čtvrtky a zbavených semínek

6 jarních cibulek, rozpůlených

3 rajčata, blanšírovaná a nakrájená

Sůl podle chuti

Metoda

- V hrnci rozehřejte olej. Přidejte zázvor a česnek. Smažte na středním plameni minutu.
- Přidejte květák a červené chilli. Za stálého míchání opékejte 5 minut.
- Přidejte zbývající ingredience. Dobře promíchejte. Vařte na mírném ohni 7-8 minut. Podávejte horké.

Oříškové kari

Ingredience
4 lžíce ghí

10g/¼oz kešu oříšků

10 g/¼ oz mandle, blanšírované

10-12 arašídů

5-6 rozinek

10 pistácií

10 vlašských ořechů, nasekaných

2,5 cm kořenového zázvoru, strouhaný

6 stroužků česneku, rozdrcených

4 malé cibule, nakrájené nadrobno

4 rajčata, nakrájená nadrobno

4 datle, zbavené semínek a nakrájené na plátky

½ lžičky kurkumy

125g/4½oz khoya*

1 lžička garam masala

Sůl podle chuti

75g/2½ sýra Cheddar, strouhaný

1 lžíce koriandrových listů, nasekaných

Metoda

- Na pánvi rozehřejte ghí. Přidejte všechny ořechy a smažte je na středním plameni, dokud nezezlátnou. Sceďte a dejte stranou.

- Ve stejném ghí orestujte zázvor, česnek a cibuli dohněda.

- Přidejte osmažené ořechy a všechny zbývající ingredience kromě sýra a lístků koriandru. Přikryjte pokličkou. Vařte na mírném ohni 5 minut.

- Ozdobte sýrem a lístky koriandru. Podávejte horké.

Daikon listy Bhaaji

Slouží 4

Ingredience

2 lžíce rafinovaného rostlinného oleje

¼ lžičky mletého kmínu

2 červené chilli papričky, nalámané na kousky

Špetka asafoetidy

400g/14oz listy daikonu*, sekaný

300 g/10 oz chana dhal*, namočené po dobu 1 hodiny

1 lžička jaggery*, strouhaný

¼ lžičky kurkumy

Sůl podle chuti

Metoda

- V hrnci rozehřejte olej. Přidejte kmín, červené chilli a asafoetida.
- Nechte je prskat 15 sekund. Přidejte zbývající ingredience. Dobře promíchejte. Vařte na mírném ohni 10-15 minut. Podávejte horké.

Chhole Aloo

(Cizrnové a bramborové kari)

Slouží 4

Ingredience

500g/1lb 2oz cizrny, namočené přes noc

Špetka sody bikarbony

Sůl podle chuti

1 litr/1¾ pinty vody

3 lžíce ghí

2,5 cm/1 palec kořen zázvoru, julienned

2 velké cibule, nastrouhané, plus 1 malá cibule, nakrájená na plátky

2 rajčata, nakrájená na kostičky

1 lžička garam masala

1 lžička mletého kmínu, nasucho opraženého (viztechniky vaření)

½ lžičky mletého zeleného kardamomu

½ lžičky kurkumy

2 velké brambory, vařené a nakrájené na kostičky

2 lžičky tamarindové pasty

1 lžíce koriandrových listů, nasekaných

Metoda

- Cizrnu vařte se sodou bikarbona, solí a vodou v hrnci na středním plameni 45 minut. Sceďte a dejte stranou.

- V hrnci rozehřejte ghí. Přidejte zázvor a nastrouhanou cibuli. Smažte do průhlednosti. Přidejte zbývající ingredience, kromě lístků koriandru a nakrájené cibule. Dobře promíchejte. Přidejte cizrnu a vařte 7-8 minut.

- Ozdobte lístky koriandru a nakrájenou cibulí. Podávejte horké.

Arašídové kari

Ingredience

1 lžička máku

1 lžička semínek koriandru

1 lžička semínek kmínu

2 červené chilli papričky

25g/malá 1oz čerstvého kokosu, strouhaného

3 lžíce ghí

2 malé cibule, nastrouhané

900g/2lb arašídů, mleté

1 lžička amchoor*

½ lžičky kurkumy

1 velké rajče, blanšírované a nakrájené

2 lžičky jaggery*, strouhaný

500 ml/16 fl oz vody

Sůl podle chuti

15 g/½ unce nasekaných listů koriandru

Metoda

- Mák, koriandr, kmín, červené chilli papričky a kokos rozemelte na jemnou pastu. Dát stranou.
- V hrnci rozehřejte ghí. Přidejte cibuli. Smažte do průhlednosti.
- Přidejte mletou pastu a zbývající přísady, kromě listů koriandru. Dobře promíchejte. Vařte 7-8 minut.
- Ozdobte lístky koriandru. Podávejte horké.

Francouzské fazole Upkari

(Francouzské fazole s kokosem)

Slouží 4

Ingredience

1 polévková lžíce rafinovaného rostlinného oleje

½ lžičky hořčičného semínka

½ lžičky urad dhal*

2-3 červené chilli papričky, nalámané

500g/1lb 2oz francouzských fazolí, nasekaných

1 lžička jaggery*, strouhaný

Sůl podle chuti

25g/malá 1oz čerstvého kokosu, strouhaného

Metoda

- V hrnci rozehřejte olej. Přidejte hořčičná semínka. Nechte je prskat 15 sekund.

- Přidejte dhal. Smažte do zlatohněda. Přidejte zbývající ingredience, kromě kokosu. Dobře promíchejte. Vařte na mírném ohni 8-10 minut.

- Ozdobte kokosem. Podávejte horké.

Karatey Ambadey

(hořká tykev a nezralé mango kari)

Slouží 4

Ingredience

250g/9oz hořká tykev*, nakrájené

Sůl podle chuti

60g/2oz jaggery*, strouhaný

1 lžička rafinovaného rostlinného oleje

4 suché červené chilli papričky

1 lžička urad dhal*

1 lžička semínek pískavice řecké seno

2 lžičky semínek koriandru

50 g čerstvého strouhaného kokosu

¼ lžičky kurkumy

4 malá nezralá manga

Metoda

- Kousky hořké tykve utřeme se solí. Nechte hodinu stranou.

- Z kousků tykve vymačkejte vodu. Vařte je v hrnci s jaggery na středním plameni 4–5 minut. Dát stranou.

- V hrnci rozehřejte olej. Přidejte červené chilli papričky, dhal, pískavice řecké seno a semínka koriandru. Smažte minutu. Přidejte hořkou tykev a zbývající přísady. Dobře promíchejte. Vařte na mírném ohni 4-5 minut. Podávejte horké.

Kadhai Paneer

(Spicy Paneer)

Slouží 4

Ingredience

2 lžíce rafinovaného rostlinného oleje

1 velká cibule, nakrájená na plátky

3 velké zelené papriky, nakrájené nadrobno

500g/1lb 2oz paneer*, nakrájené na 2,5 cm/1 palec

1 rajče, nakrájené nadrobno

¼ lžičky mletého koriandru, nasucho praženého (viztechniky vaření)

Sůl podle chuti

10g/¼oz listů koriandru, nasekaných

Metoda

- V hrnci rozehřejte olej. Přidejte cibuli a papriku. Smažte na středním plameni 2-3 minuty.
- Přidejte zbývající ingredience, kromě lístků koriandru. Dobře promíchejte. Vařte na mírném ohni 5 minut. Ozdobte lístky koriandru. Podávejte horké.

Kathirikkai Vangi

(jihoindické lilkové kari)

Ingredience

150g/5½oz masoor dhal*

Sůl podle chuti

¼ lžičky kurkumy

500 ml/16 fl oz vody

250 g tenkých lilků, nakrájených na plátky

1 lžička rafinovaného rostlinného oleje

¼ lžičky hořčičného semínka

1 lžička tamarindové pasty

8-10 kari listů

1 lžička prášku sambhar*

Metoda

- Smíchejte masoor dhal se solí, špetkou kurkumy a polovinou vody. Vařte v hrnci na středním plameni 40 minut. Dát stranou.

- Lilek vařte se solí a zbylou kurkumou a vodou v jiném hrnci na středním plameni 20 minut. Dát stranou.

- V hrnci rozehřejte olej. Přidejte hořčičná semínka. Nechte je prskat 15 sekund. Přidejte zbývající ingredience, dhal a lilek. Dobře promíchejte. Vařte 6-7 minut. Podávejte horké.

Pitla

(Pikantní kari z gramové mouky)

Ingredience

250g/9oz besan*

500 ml/16 fl oz vody

2 lžíce rafinovaného rostlinného oleje

¼ lžičky hořčičného semínka

2 velké cibule, nakrájené nadrobno

6 stroužků česneku, rozdrcených

2 lžíce tamarindové pasty

1 lžička garam masala

Sůl podle chuti

1 lžíce koriandrových listů, nasekaných

Metoda

- Smíchejte besan a vodu. Dát stranou.

- V hrnci rozehřejte olej. Přidejte hořčičná semínka. Nechte je prskat 15 sekund. Přidejte cibuli a česnek. Smažte, dokud cibule nezhnědne.

- Přidejte besanovou pastu. Vařte na mírném ohni, dokud nezačne vřít.

- Přidejte zbývající ingredience. Vařte 5 minut. Podávejte horké.

Květáková masala

Slouží 4

Ingredience

1 velký květák, předvařený (viz techniky vaření) ve slané vodě

3 lžíce rafinovaného rostlinného oleje

2 lžíce listů koriandru, jemně nasekaných

1 lžička mletého koriandru

½ lžičky mletého kmínu

¼ lžičky mletého zázvoru

Sůl podle chuti

120 ml/4 fl oz vody

Na omáčku:

200g/7oz jogurt

1 lžíce besanu*, nasucho pražené (viz techniky vaření)

¾ lžičky chilli prášku

Metoda

- Květák sceďte a nakrájejte na růžičky.
- Na pánvi rozehřejte 2 lžíce oleje. Přidejte květák a smažte ho na středním plameni do zlatova. Dát stranou.
- Všechny ingredience na omáčku smícháme dohromady.
- V hrnci rozehřejte 1 lžíci oleje a přidejte tuto směs. Smažte minutu.
- Přikryjeme pokličkou a dusíme 8-10 minut.
- Přidejte květák. Dobře promíchejte. Vařte 5 minut.
- Ozdobte lístky koriandru. Podávejte horké.

Shukna Kacha Pepe

(Green Papaya Curry)

Slouží 4

Ingredience

150g/5½oz chana dhal*, přes noc namočené, scezené a rozemleté na pastu

3 lžíce rafinovaného rostlinného oleje plus pro hluboké smažení

2 celé suché červené chilli papričky

½ lžičky semínek pískavice řecké seno

½ lžičky hořčičného semínka

1 nezralá papája, oloupaná a nastrouhaná

1 lžička kurkuma

1 lžíce cukru

Sůl podle chuti

Metoda

- Dhalovou pastu rozdělte na kuličky velikosti vlašského ořechu. Vyrovnejte na tenké kotouče.

- Na pánvi rozehřejte olej na hluboké smažení. Přidejte disky. Smažte na středním plameni do zlatohněda. Scedíme a nalámeme na malé kousky. Dát stranou.

- V hrnci rozehřejte zbývající olej. Přidejte chilli papričky, pískavici a hořčičná semínka. Nechte je prskat 15 sekund.

- Přidejte zbývající ingredience. Dobře promíchejte. Přikryjeme pokličkou a vaříme na mírném ohni 8-10 minut. Přidejte kousky dhalu. Dobře promícháme a podáváme.

Suchá Okra

Ingredience

3 lžíce hořčičného oleje

½ lžičky semínek kalonji*

750g/1lb 10oz okra, podélně rozříznuté

Sůl podle chuti

½ lžičky chilli prášek

½ lžičky kurkumy

2 lžičky cukru

3 lžičky mleté hořčice

1 lžíce tamarindové pasty

Metoda

- V hrnci rozehřejte olej. Smažte semínka cibule a okra po dobu 5 minut.
- Přidejte sůl, chilli papričku, kurkumu a cukr. Přikryjte pokličkou. Vařte na mírném ohni 10 minut.
- Přidejte zbývající ingredience. Dobře promíchejte. Vařte 2-3 minuty. Podávejte horké.

Moghlai květák

Slouží 4

Ingredience

5 cm / 2 palce kořen zázvoru

2 lžičky semínek kmínu

6-7 kuliček černého pepře

500g/1lb 2oz květákové růžičky

Sůl podle chuti

2 lžíce ghí

2 bobkové listy

200g/7oz jogurt

500ml/16fl oz kokosové mléko

1 lžička cukru

Metoda

- Rozdrťte zázvor, kmín a kuličky pepře na jemnou pastu.
- Touto pastou marinujte růžičky květáku a osolte je po dobu 20 minut.
- Na pánvi rozehřejte ghí. Přidejte růžičky. Smažte do zlatohněda. Přidejte zbývající ingredience. Dobře promíchejte. Přikryjeme pokličkou a dusíme 7-8 minut. Podávejte horké.

Bhapa Shorshe Baingan

(Lilek v hořčičné omáčce)

Slouží 4

Ingredience

2 dlouhé lilky

Sůl podle chuti

¼ lžičky kurkumy

3 lžíce rafinovaného rostlinného oleje

3 lžíce hořčičného oleje

2–3 lžíce hotové hořčice

1 polévková lžíce lístků koriandru, jemně nasekaných

1-2 zelené chilli papričky, nakrájené nadrobno

Metoda

- Každý lilek nakrájejte podélně na 8-12 kousků. Marinujte se solí a kurkumou 5 minut.

- V hrnci rozehřejte olej. Přidejte plátky lilku a přikryjte pokličkou. Vařte na středním plameni 3–4 minuty, občas otočte.

- Hořčičný olej vyšleháme s hotovou hořčicí a přidáme k lilkům. Dobře promíchejte. Vařte na středním plameni minutu.

- Ozdobte lístky koriandru a zeleným chilli. Podávejte horké.

Pečená zelenina v pikantní omáčce

Slouží 4

Ingredience

2 lžíce másla

4 stroužky česneku, jemně nasekané

1 velká cibule, nakrájená nadrobno

1 lžíce hladké bílé mouky

200g/7oz mražená míchaná zelenina

Sůl podle chuti

1 lžička chilli prášku

1 lžička hořčičné pasty

250 ml/8 fl oz kečupu

4 velké brambory, vařené a nakrájené na plátky

250 ml/8 fl oz bílé omáčky

4 lžíce strouhaného sýra Cheddar

Metoda

- V hrnci rozehřejte máslo. Přidejte česnek a cibuli. Smažte do průhlednosti. Přidejte mouku a minutu smažte.

- Přidejte zeleninu, sůl, chilli, hořčičnou pastu a kečup. Vařte na středním plameni 4-5 minut. Dát stranou.

- Vymažte zapékací mísu. Zeleninovou směs a brambory uložte do střídavých vrstev. Navrch nalijte bílou omáčku a sýr.

- Pečte v troubě při 200 °C (400 °F, plyn Mark 6) po dobu 20 minut. Podávejte horké.

Chutné tofu

Ingredience

2 lžíce rafinovaného rostlinného oleje

3 malé cibule, nastrouhané

1 lžička zázvorové pasty

1 lžička česnekové pasty

3 rajčata, protlak

50 g řeckého jogurtu, šlehaného

400 g/14 oz tofu, nakrájené na 2,5 cm/1 palec

25g/malá 1oz listů koriandru, jemně nasekaných

Sůl podle chuti

Metoda

- V hrnci rozehřejte olej. Přidejte cibuli, zázvorovou pastu a česnekovou pastu. Smažte 5 minut na středním plameni.
- Přidejte zbývající ingredience. Dobře promíchejte. Vařte 3-4 minuty. Podávejte horké.

Aloo Baingan

(bramborové a lilkové kari)

Slouží 4

Ingredience

3 lžíce rafinovaného rostlinného oleje

1 lžička hořčičného semínka

½ lžičky asafoetida

1 cm/½ kořenového zázvoru, jemně nasekaný

4 zelené chilli papričky, podélně rozkrojené

10 stroužků česneku, jemně nasekaných

6 kari listů

½ lžičky kurkumy

3 velké brambory, vařené a nakrájené na kostičky

250 g lilku, nakrájeného

½ lžičky amchoor*

Sůl podle chuti

Metoda

- V hrnci rozehřejte olej. Přidejte hořčičná semínka a asafoetidu. Nechte je prskat 15 sekund.
- Přidejte zázvor, zelené chilli papričky, česnek a kari listy. Za stálého míchání smažte 1 minutu.
- Přidejte zbývající ingredience. Dobře promíchejte. Přikryjeme pokličkou a dusíme 10-12 minut. Podávejte horké.

Cukr Snap Pea Curry

Slouží 4

Ingredience

500g/1lb 2oz cukrového hrachu

2 lžíce rafinovaného rostlinného oleje

1 lžička zázvorové pasty

1 velká cibule, nakrájená nadrobno

2 velké brambory, oloupané a nakrájené na kostičky

½ lžičky kurkumy

½ lžičky garam masala

½ lžičky chilli prášek

1 lžička cukru

2 velká rajčata, nakrájená na kostičky

Sůl podle chuti

Metoda

- Oloupejte provázky z okrajů hrachových lusků. Nakrájejte lusky. Dát stranou.
- V hrnci rozehřejte olej. Přidejte zázvorovou pastu a cibuli. Smažte do průhlednosti. Přidejte zbývající ingredience a lusky. Dobře promíchejte. Přikryjeme

pokličkou a vaříme na mírném ohni 7-8 minut.
Podávejte horké.

Bramborové dýňové kari

Slouží 4

Ingredience

2 lžíce rafinovaného rostlinného oleje

1 lžička panch phoron*

Špetka asafoetidy

1 sušená červená chilli paprička, nalámaná na kousky

1 bobkový list

4 velké brambory, nakrájené na kostičky

200 g dýně nakrájené na kostičky

½ lžičky zázvorové pasty

½ lžičky česnekové pasty

1 lžička mletého kmínu

1 lžička mletého koriandru

¼ lžičky kurkumy

½ lžičky garam masala

1 lžička amchoor*

500 ml/16 fl oz vody

Sůl podle chuti

Metoda

- V hrnci rozehřejte olej. Přidejte panch phoron. Nechte je prskat 15 sekund.

- Přidejte asafoetidu, kousky červeného chilli a bobkový list. Smažte minutu.

- Přidejte zbývající ingredience. Dobře promíchejte. Vařte 10-12 minut. Podávejte horké.

Vaječný Thoran

(Pikantní míchaná vejce)

Slouží 4

Ingredience

60 ml/2 fl oz rafinovaného rostlinného oleje

¼ lžičky hořčičného semínka

2 cibule, nakrájené nadrobno

1 velké rajče, nakrájené nadrobno

1 lžička čerstvě mletého černého pepře

Sůl podle chuti

4 vejce, rozšlehaná

25g/malá 1oz čerstvého kokosu, strouhaného

50 g listů koriandru, nasekaných

Metoda

- V hrnci rozehřejeme olej a orestujeme hořčičná semínka. Nechte je prskat 15 sekund. Přidejte cibuli a smažte do hněda. Přidejte rajče, pepř a sůl. Smažte 2-3 minuty.

- Přidejte vejce. Vařte na mírném ohni za stálého míchání.

- Ozdobte lístky kokosu a koriandru. Podávejte horké.

Baingan Lajawab

(lilek s květákem)

Ingredience

4 velké lilky

2 lžíce rafinovaného rostlinného oleje plus extra pro hluboké smažení

1 lžička semínek kmínu

½ lžičky kurkumy

2,5 cm/1 palec kořen zázvoru, mletý

2 zelené chilli papričky nakrájené nadrobno

1 lžička amchoor*

Sůl podle chuti

100g/3½oz mraženého hrášku

Metoda

- Každý lilek podélně rozřízněte a vydlabejte dužinu.
- Zahřejte olej. Přidejte skořápky lilku. Smažte 2 minuty. Dát stranou.
- V hrnci rozehřejte 2 lžíce oleje. Přidejte semínka kmínu a kurkumu. Nechte je prskat 15 sekund. Přidejte zbývající ingredience a dužinu lilku. Lehce rozmačkejte a na mírném ohni vařte 5 minut.
- Touto směsí opatrně naplňte skořápky lilku. Grilujte 3-4 minuty. Podávejte horké.

Veggie Bahar

(Zelenina v ořechové omáčce)

Slouží 4

Ingredience

3 lžíce rafinovaného rostlinného oleje

1 velká cibule, nakrájená nadrobno

2 velká rajčata, nakrájená nadrobno

1 lžička zázvorové pasty

1 lžička česnekové pasty

20 kešu ořechů, mletých

2 lžíce vlašských ořechů, mletých

2 lžíce máku

200g/7oz jogurt

100g/3½oz mražené míchané zeleniny

1 lžička garam masala

Sůl podle chuti

Metoda

- V hrnci rozehřejte olej. Přidejte cibuli. Smažte na středním plameni do hněda. Přidejte rajčata, zázvorovou pastu, česnekovou pastu, kešu ořechy, vlašské ořechy a mák. Smažte 3-4 minuty.
- Přidejte zbývající ingredience. Vařte 7-8 minut. Podávejte horké.

Plněná zelenina

Ingredience

4 malé brambory

100g/3½oz okra

4 malé lilky

4 lžíce rafinovaného rostlinného oleje

½ lžičky hořčičného semínka

Špetka asafoetidy

Na náplň:

250g/9oz besan*

1 lžička mletého koriandru

1 lžička mletého kmínu

½ lžičky kurkumy

1 lžička chilli prášku

1 lžička garam masala

Sůl podle chuti

Metoda

- Všechny ingredience na náplň smícháme dohromady. Dát stranou.

- Brambory, okra a lilek nakrájejte. Naplňte náplní. Dát stranou.

- V hrnci rozehřejte olej. Přidejte hořčičná semínka a asafoetidu. Nechte je prskat 15 sekund. Přidejte plněnou zeleninu. Přikryjeme pokličkou a vaříme na mírném ohni 8-10 minut. Podávejte horké.

Singhi Aloo

(paličky s bramborem)

Ingredience

5 lžic rafinovaného rostlinného oleje

3 malé cibule, nakrájené nadrobno

3 zelené chilli papričky nakrájené nadrobno

2 velká rajčata, nakrájená nadrobno

2 lžičky mletého koriandru

Sůl podle chuti

5 indických paliček*, nakrájené na 7,5 cm/3 palce

2 velké brambory, nakrájené

360 ml/12 fl oz vody

Metoda

- V hrnci rozehřejte olej. Přidejte cibuli a chilli. Smažte je na mírném ohni minutu.
- Přidejte rajčata, mletý koriandr a sůl. Smažte 2-3 minuty.
- Přidejte paličky, brambory a vodu. Dobře promíchejte. Vařte 10-12 minut. Podávejte horké.

Sindhi Curry

Slouží 4

Ingredience

150g/5½oz masoor dhal*

Sůl podle chuti

1 litr/1¾ pinty vody

4 rajčata, nakrájená nadrobno

5 lžic rafinovaného rostlinného oleje

½ lžičky semínek kmínu

¼ lžičky semínek pískavice řecké seno

8 kari listů

3 zelené chilli papričky, podélně rozkrojené

¼ lžičky asafoetida

4 lžíce besanu*

½ lžičky chilli prášek

½ lžičky kurkumy

8 okras, podélná štěrbina

10 francouzských fazolí, nakrájených na kostičky

6-7 kokum*

1 velká mrkev, julien

1 velký brambor, nakrájený na kostičky

Metoda

- Smíchejte dhal se solí a vodou. Tuto směs vařte v hrnci na středním plameni za občasného míchání 45 minut.

- Přidejte rajčata a vařte 7-8 minut. Dát stranou.

- V hrnci rozehřejte olej. Přidejte semena kmínu a pískavice řecké seno, kari listy, zelené chilli a asafoetida. Nechte je prskat 30 sekund.

- Přidejte besan. Za stálého míchání minutu opékejte.

- Přidejte zbývající přísady a směs dhal. Důkladně promíchejte. Vařte 10 minut. Podávejte horké.

Gulnar Kofta

(Paneer koule ve špenátu)

Slouží 4

Ingredience

150 g/5 ½ unce smíšeného sušeného ovoce

200g/7oz khoya*

4 velké brambory, vařené a rozmačkané

150g/5½oz paneer*, rozpadl se

100 g sýra Cheddar

2 lžičky kukuřičné mouky

Rafinovaný rostlinný olej pro hluboké smažení

2 lžičky másla

100 g špenátu, jemně nakrájeného

1 lžička jednoduché smetany

Sůl podle chuti

Na směs koření:

2 hřebíčky

1 cm/½ ve skořici

3 zrnka černého pepře

Metoda

- Smíchejte suché ovoce s khoyou. Dát stranou.

- Všechny ingredience směsi koření smícháme dohromady. Dát stranou.

- Brambory, paneer, sýr a kukuřičnou mouku smícháme v těsto. Těsto rozdělíme na kuličky velikosti vlašského ořechu a rozválíme na kolečka. Na každý disk položte část suché směsi ovoce a khoya a uzavřete jako sáček.

- Na kofty uhlaďte kuličky velikosti vlašského ořechu. Dát stranou.

- Na pánvi rozehřejte olej. Přidejte kofty a smažte je na středním plameni, dokud nezezlátnou. Scedíme a dáme stranou do servírovací misky.

- V hrnci rozehřejte máslo. Přidejte mletou směs koření. Smažte minutu.

- Přidejte špenát a vařte 2-3 minuty.

- Přidejte smetanu a sůl. Dobře promíchejte. Touto směsí nalijte kofty. Podávejte horké.

Paneer Korma

(Rich Paneer Curry)

Slouží 4

Ingredience

500g/1lb 2oz paneer*

3 lžíce rafinovaného rostlinného oleje

1 velká cibule, nakrájená

2,5 cm/1 palec kořen zázvoru, julienned

8 stroužků česneku, rozdrcených

2 zelené chilli papričky nakrájené nadrobno

1 velké rajče, nakrájené nadrobno

¼ lžičky kurkumy

½ lžičky mletého koriandru

½ lžičky mletého kmínu

1 lžička chilli prášku

½ lžičky garam masala

125 g/4 ½ unce jogurtu

Sůl podle chuti

250 ml/8 fl oz vody

2 lžíce listů koriandru, jemně nasekaných

Metoda

- Polovinu panýru nastrouhejte a zbytek nakrájejte na kousky o velikosti 2,5 cm.

- Na pánvi rozehřejte olej. Přidejte kousky paneeru. Smažte je na středním plameni, dokud nezískají zlatohnědou barvu. Sceďte a dejte stranou.

- Na stejném oleji opékejte na středním plameni cibuli, zázvor, česnek a zelené chilli papričky 2–3 minuty.

- Přidejte rajče. Smažte 2 minuty.

- Přidejte kurkumu, mletý koriandr, mletý kmín, chilli prášek a garam masalu. Dobře promíchejte. Smažte 2-3 minuty.

- Přidejte jogurt, sůl a vodu. Dobře promíchejte. Vařte 8-10 minut.

- Přidejte osmažené kousky paneer. Dobře promíchejte. Vařte 5 minut.

- Ozdobte nastrouhaným paneerem a lístky koriandru. Podávejte horké.

Čatní brambory

Ingredience

100 g listů koriandru, jemně nasekaných

4 zelené chilli papričky

2,5 cm/1 palec kořen zázvoru

7 stroužků česneku

25g/malá 1oz čerstvého kokosu, strouhaného

1 lžíce citronové šťávy

1 lžička semínek kmínu

1 lžička semínek koriandru

½ lžičky kurkumy

½ lžičky chilli prášek

Sůl podle chuti

750g/1lb 10oz velkých brambor, oloupaných a nakrájených na plátky

4 lžíce rafinovaného rostlinného oleje

¼ lžičky hořčičného semínka

Metoda

- Smíchejte lístky koriandru, zelené chilli, zázvor, česnek, kokos, citronovou šťávu, kmín a semínka koriandru. Tuto směs rozemelte na jemnou pastu.

- Smíchejte tuto pastu s kurkumou, chilli práškem a solí.

- Brambory s touto směsí marinujte 30 minut.

- V hrnci rozehřejte olej. Přidejte hořčičná semínka. Nechte je prskat 15 sekund.

- Přidejte brambory. Vařte je na mírném ohni 8–10 minut za občasného míchání. Podávejte horké.

Lobia

(Black Eyed Peas Curry)

Ingredience

400 g hrášku s černýma očima, namočený přes noc

Špetka sody bikarbony

Sůl podle chuti

1,4 litru/2½ pinty vody

1 velká cibule

4 stroužky česneku

3 lžíce ghí

2 lžičky mletého koriandru

1 lžička mletého kmínu

1 lžička amchoor_*

½ lžičky garam masala

½ lžičky chilli prášek

¼ lžičky kurkumy

2 rajčata, nakrájená na kostičky

3 zelené chilli papričky nakrájené nadrobno

2 lžíce lístků koriandru,

jemně nasekané

Metoda

- Hrachor černý smíchejte se sodou bikarbona, solí a 1,2 litry/2 pinty vody. Tuto směs vařte v hrnci na středním plameni 45 minut. Sceďte a dejte stranou.

- Cibuli a česnek rozemelte na pastu.

- V hrnci rozehřejte ghí. Přidejte pastu a smažte ji na středním plameni, dokud nezhnědne.

- Přidejte uvařený černý hrášek, zbývající vodu a všechny zbývající ingredience kromě lístků koriandru. Vařte 8-10 minut.

- Ozdobte lístky koriandru. Podávejte horké.

Zelenina Khatta Meetha

(Sladká a kyselá zelenina)

Slouží 4

Ingredience

1 lžíce mouky

1 lžíce sladového octa

2 lžíce cukru

50g/1¾oz zelí, jemně nakrájené na dlouhé nudličky

1 velká zelená paprika, nakrájená na proužky

1 velká mrkev, nakrájená na nudličky

50 g francouzských fazolí, nakrájených a nakrájených

100 g/3 ½ unce baby kukuřice

1 polévková lžíce rafinovaného rostlinného oleje

½ lžičky zázvorové pasty

½ lžičky česnekové pasty

2-3 zelené chilli papričky nakrájené nadrobno

4-5 jarních cibulek, nakrájených nadrobno

125g/4½oz rajčatový protlak

120 ml/8 fl oz kečupu

Sůl podle chuti

10 g/¼ oz lístků koriandru, jemně nasekaných

Metoda

- Mouku smícháme s octem a cukrem. Dát stranou.
- Smíchejte zelí, zelený pepř, mrkev, fazole a baby kukuřici. Pára (viz techniky vaření) tuto směs v páře po dobu 10 minut. Dát stranou.
- V hrnci rozehřejte olej. Přidejte zázvorovou pastu, česnekovou pastu a chilli. Smažte 30 sekund.
- Přidejte jarní cibulky. Smažte 1-2 minuty.
- Přidejte dušenou zeleninu a rajčatový protlak, kečup a sůl. Vařte na mírném ohni 5-6 minut.
- Přidejte moučnou pastu. Vařte 3-4 minuty.
- Ozdobte lístky koriandru. Podávejte horké.

Dahiwale Chhole

(Cizrna v jogurtové omáčce)

Slouží 4

Ingredience

500g/1lb 2oz cizrny, namočené přes noc

Špetka sody bikarbony

Sůl podle chuti

1 litr/1¾ pinty vody

3 lžíce ghí

2 velké cibule, nastrouhané

1 lžička zázvoru, strouhaného

150 g/5 ½ unce jogurtu

1 lžička garam masala

1 lžička mletého kmínu, nasucho opraženého (viztechniky vaření)

½ lžičky chilli prášek

¼ lžičky kurkumy

1 lžička amchoor*

½ lžíce kešu oříšků

½ lžíce rozinek

Metoda

- Smíchejte cizrnu se sodou, solí a vodou. Tuto směs vařte v hrnci na středním plameni 45 minut. Sceďte a dejte stranou.

- V hrnci rozehřejte ghí. Přidejte cibuli a zázvor. Smažte je na středním plameni, dokud cibule nezezlátnou.

- Přidejte cizrnu a zbývající ingredience kromě kešu oříšků a rozinek. Dobře promíchejte. Vařte na mírném ohni 7-8 minut.

- Ozdobte kešu oříšky a rozinkami. Podávejte horké.

Teekha Papad Bhaji*

(Pikantní jídlo Poppadam)

Slouží 4

Ingredience

1 polévková lžíce rafinovaného rostlinného oleje

¼ lžičky hořčičného semínka

¼ lžičky semínek kmínu

¼ lžičky semínek pískavice řecké seno

2 lžičky mletého koriandru

3 lžičky cukru

Sůl podle chuti

250 ml/8 fl oz vody

6 poppadam, rozbitých na kousky

1 lžíce koriandrových listů, nasekaných

Metoda

- V hrnci rozehřejte olej. Přidejte hořčici, kmín a semínka pískavice, mletý koriandr, cukr a sůl. Nechte je prskat 30 sekund. Přidejte vodu a vařte 3-4 minuty.
- Přidejte kousky poppadam. Vařte 5-7 minut. Ozdobte lístky koriandru. Podávejte horké.

Paushtik Chaat

(Zdravá svačina)

Slouží 4

Ingredience

3 lžičky rafinovaného rostlinného oleje

½ lžičky semínek kmínu

2,5 cm/1 palec kořenový zázvor, drcený

1 malá brambora, uvařená a nakrájená

1 lžička garam masala

Sůl podle chuti

Mletý černý pepř dle chuti

250 g mungo fazolí, vařené

300g/10oz fazole v konzervě

300g/10oz konzervovaná cizrna

10g/¼oz listů koriandru, nasekaných

1 lžička citronové šťávy

Metoda

- V hrnci rozehřejte olej. Přidejte semínka kmínu. Nechte je prskat 15 sekund.

- Přidejte zázvor, brambory, garam masalu, sůl a pepř. Smažte na středním plameni 3 minuty. Přidejte fazole mungo, fazole a cizrnu. Vařte na středním plameni 8 minut.

- Ozdobte lístky koriandru a citronovou šťávou. Podávejte vychlazené.

Zelná rolka

Slouží 4

Ingredience

1 lžíce hladké bílé mouky

3 lžíce vody

Sůl podle chuti

2 lžíce rafinovaného rostlinného oleje plus pro hluboké smažení

1 lžička semínek kmínu

100 g mražené, míchané zeleniny

1 lžíce jednoduché smetany

2 lžíce paneeru*

¼ lžičky kurkumy

1 lžička chilli prášku

1 lžička mletého koriandru

1 lžička mletého kmínu

8 velkých listů zelí, namočených v horké vodě na 2-3 minuty a scezených

Metoda

- Smíchejte mouku, vodu a sůl, aby vznikla hustá pasta. Dát stranou.

- V hrnci rozehřejte olej. Přidejte kmínová semínka a nechte je 15 sekund louhovat. Přidejte všechny zbývající ingredience, kromě listů zelí. Vařte na středním plameni 2-3 minuty za častého míchání.

- Do středu každého zelného listu dejte lžičky této směsi. Listy přehněte nahoru a konce zalepte moukou.

- Na pánvi rozehřejte olej. Kapustové závitky namáčíme v moučném těstě a zprudka opečeme. Podávejte horké.

Rajčatový chléb

Dělá 4

Ingredience

1½ lžíce rafinovaného rostlinného oleje

150g/5½oz rajčatový protlak

3-4 kari listy

2 zelené chilli papričky nakrájené nadrobno

Sůl podle chuti

2 velké brambory, uvařené a nakrájené na plátky

6 plátků chleba, nastrouhaných

10g/¼oz listů koriandru, nasekaných

Metoda

- V hrnci rozehřejte olej. Přidejte rajčatový protlak, kari listy, zelené chilli a sůl. Vařte 5 minut.
- Přidejte brambory a chléb. Vařte na mírném ohni 5 minut.
- Ozdobte lístky koriandru. Podávejte horké.